AF193052

15€
Filo
7124

LA CONQUISTA DE LA MADUREZ

FRANCISCO UGARTE CORCUERA
JOSÉ ANTONIO LOZANO DÍEZ

LA CONQUISTA
DE LA MADUREZ

EDICIONES RIALP
MADRID

© 2024 *by* Francisco Ugarte Corcuera y José Antonio Lozano Díez
© 2024 *by* EDICIONES RIALP, S. A.,
Manuel Uribe 13-15 - 28033 Madrid
(www.rialp.com)

Preimpresión: produccioneditorial.com

ISBN (edición impresa): 978-84-321-6800-0
ISBN (edición digital): 978-84-321-6801-7
ISBN (edición bajo demanda): 978-84-321-6802-4
ISNI: 0000 0001 0725 313X
Depósito legal: M-11597-2024
Impreso en Anzos, S. L., Fuenlabrada (Madrid)

ÍNDICE

7

PRÓLOGO

LA MADUREZ ES UN TEMA poliédrico. Tiene muchas facetas, alberga en su seno muchos matices. El término apunta a un cierto grado de plenitud, de equilibrio en donde los distintos componentes que son analizados en el presente libro forman una estructura relativamente ordenada, en donde hay jerarquía, buena disposición de sus distintos elementos y sobre todo buena relación entre la *edad cronológica* y la *edad psicológica.*

Los autores han sabido sistematizar los grandes temas y exponerlos con forma pedagógica. Los argumentos convencen, las acciones enseñan. Argumentar es utilizar los instrumentos de la razón y exponer las claves con un cierto rigor. Pero como existen distintas modalidades de madurez, la pretensión de fondo es aspirar a una cierta *madurez integral,* en donde se dan cita los grandes temas, que en mi opinión son 5: *inteligencia, voluntad, afectividad, vida profesional y espiritualidad.*

9

Y cada uno de ellos se abre en abanico y se expande de forma extraordinaria.

Cada uno de los capítulos tiene su propia geografía que se cruza con la de los otros, pues todo está interconectado. *Inteligencia es capacidad de síntesis, saber distinguir lo accesorio de lo fundamental o* siguiendo el modelo del ordenador: *capacidad para manejar información remota e información reciente y dar respuestas que se ajustan a la realidad.* Los Profesores Ugarte y Lozano trazan muy acertadamente sus principales claves, que van desde el conocimiento de la realidad y descubrir el sentido de la vida humana, el significado del dolor y la tristeza y el valor de las grandes alegrías de la vida, ya que todo eso forma un caleidoscopio de hechos y vivencias. Y esto debe llevar a tener *criterio*, que no es otra cosa que saber a qué atenerse y saber cuál debe ser la jerarquía de valores éticos con los que debemos funcionar. Reconocer las verdades objetivas y universales, evitando y combatiendo lo que hoy está sucediendo en buena parte de nuestra sociedad Occidental. La llamada *dictadura del relativismo*, que viene a decir que todo depende de la óptica personal, que no hay nada absoluto; de ese modo se entra en un subjetivismo, que hace que el ser humano se mueva según las motivaciones del momento cultural, huyendo de los principios sólidos que ayudan a pensar de forma sana.

El capítulo dedicado a la *voluntad* tiene un enorme interés. *Voluntad es capacidad para ponerse unos objetivos concretos, medibles y que la motivación luche por irlos alcanzando.* Hoy sabemos que la voluntad es más importante que la inteligencia, ya que, si la tenemos educada, si hemos sido capaces de meterla en la ingeniería de nuestra

10

conducta, nos acostumbramos a hacer no lo que nos pide el cuerpo (que lógicamente algunas veces sí lo hacemos), sino lo que es mejor para uno. El *ritornello* que hace fuerte la voluntad podría resumirse en esta sentencia: *la costumbre de vencerme en lo pequeño*. Ahí está el campo de batalla: en las cosas pequeñas o medianas de la vida ordinaria. Los autores saben trazar bien las líneas maestras de esta función: *voluntad es determinación, decisión firme, elección de las metas*. A la larga es el arte de tomar decisiones acertadas, en donde convergen la aspiración a lo mejor y el afán de superación. *Si la voluntad está fuerte, somos enanos a hombros de gigantes*. Y nos atrevemos a todo. Se mueven a su alrededor el *orden* y la *constancia:* se arremolinan junto a ella y de esta forma tenemos un *tríptico esencial de calidad en la conducta: orden, constancia y voluntad*. ¡Y a volar! Con ellas tres bien educadas, los sueños se irán haciendo realidad, no habrá empresa humana que no pueda ser alcanzada. La voluntad es la joya de la corona de la conducta, y el que la tiene posee un tesoro. No se conforma con la mediocridad, sino que busca la excelencia.

El capítulo de la *vida emocional* está muy bien dibujado. Ugarte y Lozano demuestran, también aquí, su pericia y su saber sumergirse en sus aguas profundas. Hoy vivimos en *la era del cortisol y de la dopamina*: la primera está en relación con el estrés y el ritmo trepidante de vida, es la hormona que nos mantiene en guardia, en estado de alerta, preparados para la lucha o la huida. La segunda, la *dopamina,* es la hormona del placer y se activa en todas las experiencias gratificantes. Hoy en día son buscadas de forma rápida, pues estamos en la era de la inmediatez y

11

especialmente lo dicen así los jóvenes: «Lo quiero todo y lo quiero ya…, no puedo esperar»; esto ha conducido a un cambio sustancial: hemos cambiado *el sentido de la vida por el de sensaciones inminentes,* y esto da lugar a personas híper estimuladas, que buscan experiencias satisfactorias sucesivas… Por ahí asoman las adicciones a las pantallas, al teléfono celular y a todo aquello que distraiga y produzca una especie de vértigo vivencial. Por ambas sustancias se produce una distracción mental, que reduce la capacidad del cerebro para centrarse, y la llamada Corteza Prefrontal (CPF) se deteriora, ya no es capaz de prestar atención y su acción de discernimiento se diluye.

Madurez emocional es conocer los sentimientos, las emociones y las pasiones, las tres grandes vivencias. Los sentimientos son la vía regia de la afectividad, el modo habitual de tomar el pulso a la afectividad: son estados de ánimo positivos o negativos, que nos acercan o nos alejan de la persona o de la circunstancia que tenemos delante de nosotros.

Las tres generaciones que describe el texto, la *millennial,* la *Z* y la *alfa,* se centran en lo emocional epidérmico y posponen la importancia de la voluntad, que se desliza hacia un *hedonismo* claro: la búsqueda del placer se vuelve eje de la conducta y, además, debe alcanzarse pronto, sin paliativos, porque no es posible esperar. Y esto lo vemos reflejado, entre otras cosas, en la crisis de parejas rotas que vive el mundo moderno, en cualquier latitud del mundo.

Madurez afectiva es *estabilidad emocional, autodominio, conocimiento de los afectos propios y de los que viven a nuestro alrededor.* Qué bien distinguen Ugarte y Lozano esas dos piezas del *amor:* el *efectivo* que brota de la voluntad y que busca el bien del otro; y el *amor afectivo*

12

que surge de la profundidad de nuestro patrimonio sentimental. De ahí surgen la ternura, el cariño, el saber dar y recibir amor como donación.

Quiero finalmente referirme a la *madurez espiritual,* que me ha parecido un segmento del texto lleno de sabiduría. En diversas notas a pie de página se dan cifras de cómo está el sentido espiritual religioso en diversos países. Ya sabemos que estamos en una época de laicismo, especialmente en los países más desarrollados y sobre todo en Europa. Pero lo que está claro es que alcanzar un sentido trascendente de la vida es una tarea que debe iniciarse superando el materialismo, el relativismo. La llamada deconstrucción y el *new age.* Y aquí es donde los autores ponen los puntos sobre las íes: Dios nos llama a seguirle porque Él es camino, verdad y vida. En Él está la luz, y el que camina bajo esa premisa no anda en tinieblas. Vivir las virtudes teologales es la piedra filosofal. Yo insistiría en la importancia de la *formación:* vemos hoy mucha gente perdida porque no sabe o no conoce lo básico, y esa ignorancia es la fuente y raíz de andar a la deriva. La felicidad que por este derrotero se encuentra tiene dos notas decisivas: paz y alegría.

Este es un libro para leerlo y subrayarlo. Para empaparse de él. Y sus enseñanzas se deslizan hacia la felicidad: ese cierto estado de plenitud que descansa sobre dos hechos importantes: *haber conseguido una personalidad equilibrada,* con todo lo que eso significa, puliendo las aristas de la forma de ser y limando asperezas y segmentos mal enfocados, y haber sido capaz de dibujar un *proyecto de vida* coherente y realista, con cuatro grandes temas saltando en su interior: *amor, trabajo, cultura y amistad.*

13

La felicidad absoluta no existe, se da en el otro barrio. Nosotros debemos aspirar a una felicidad relativa, que consiste en *una vida lograda*: sacarle el máximo partido a nuestra existencia, pero sin ansiedad, con paz. A la larga, *la madurez es serenidad y benevolencia, paz y alegría, olvidar y empezar.* Lo he dicho en alguno de mis libros: *la felicidad consiste en tener buena salud y mala memoria.*

Las razones enseñan; las acciones, convencen; y el buen ejemplo arrastra.

DR. ENRIQUE ROJAS
Catedrático de Psiquiatría.
Director del Instituto Rojas-Estapé.

INTRODUCCIÓN

EL TÉRMINO MADUREZ se refiere a un estado de la persona que ha alcanzado un determinado grado de perfección o plenitud en su desarrollo, correspondiente a su edad cronológica. La inmadurez, por el contrario, caracteriza a quien no ha evolucionado lo suficiente para conseguirlo, porque no ha adquirido aún las cualidades que serían propias en sus circunstancias. Así, por ejemplo, sería inmaduro el adolescente que actúa como un niño carente de toda responsabilidad o el adulto incapaz de dominar sus emociones, reaccionando como adolescente.

Ordinariamente, cuando se habla de madurez se suele entender principalmente la madurez psicológica o emocional. Así, se considera madura una persona estable en sus estados de ánimo o quien posee empatía y se relaciona bien con los demás. No cabe duda de que esta madurez psicológica, centrada especialmente en el campo afectivo de la personalidad, es fundamental

15

y relevante. Sin embargo, no es la única madurez que puede destacarse.

Hablar de *madurez integral* significa preguntarse por todos aquellos ámbitos que forman parte de la madurez total de la persona. ¿Cuáles son y cómo se descubren? El camino para acceder a ellos puede tener dos momentos. Primero, la pregunta por la *estructura* de la persona, es decir, por aquellos elementos que la constituyen esencialmente y cuyo desarrollo dará lugar, en cada caso, a un diverso aspecto de madurez. En segundo lugar, la pregunta por las *relaciones* de la persona consigo misma y con otras realidades (los demás, el entorno y con Dios), de las cuales derivan otros tantos ámbitos en los que es preciso desarrollar la madurez para completar el conjunto que dará lugar a la madurez integral.

Los elementos esenciales que intervienen en la *estructura* de la persona son la inteligencia, la voluntad, la afectividad y la corporeidad. Cada uno requiere desarrollarse, de manera que se oriente hacia su respectivo perfeccionamiento. En consecuencia, cabe hablar de cuatro ámbitos de madurez, en función de esa composición: madurez *intelectual,* madurez de la *voluntad,* madurez *emocional* y madurez *física.*

Por otra parte, de las *relaciones* de la persona *consigo misma* —con el yo estático y con el yo dinámico—, *con los demás* —personas en particular y sociedad en general—, *con el entorno* y *con Dios,* derivarán otros seis ámbitos que completarán la madurez humana en su integridad: madurez *intrapersonal* (identidad personal), madurez *profesional,* madurez *interpersonal,* madurez *social,* madurez *ecológica* y madurez *espiritual.*

16

Según este planteamiento, la madurez integral incluye estos diez ámbitos, que a su vez se conectan entre sí y forman un todo. A cada uno de ellos se dedica un capítulo del presente libro, que comienza señalando algunos problemas actuales de especial relevancia. A continuación, se describe brevemente lo que significa la madurez en ese ámbito concreto para, finalmente, enunciar diez rasgos de madurez, que incluirán algunos medios para desarrollarla, así como posibles soluciones a los problemas mencionados.

Cabe hacer dos advertencias: la madurez integral es una meta que nunca —mientras caminamos en esta vida— podremos alcanzar de manera total, pues siempre será posible seguir avanzando; y la madurez integral está íntimamente relacionada con la *felicidad,* la cual es consecuencia de tener la vida lograda, al procurar llevar a plenitud cada uno de los diez ámbitos referidos.

1.
MADUREZ INTELECTUAL

A. PROBLEMAS ACTUALES

La inteligencia humana está llamada a ser la guía de la vida y la conducta de cualquier persona, de ahí su importancia y función insustituible. En la actualidad, los problemas que dificultan su buen funcionamiento son variados y es conveniente tenerlos presentes. Vivimos un momento inédito en la historia, momento que por algunos analistas y pensadores ha sido denominado VICA, por sus siglas: volatilidad, incertidumbre, complejidad y ansiedad.

El ambiente VICA —que comenzó a desarrollarse en la segunda mitad de la década de 1980 y se agravó con la emergencia de la pandemia COVID-19—, ha dificultado los procesos de maduración intelectual desde cinco ángulos diversos:

1. Pérdida de la atención.
2. Desconexión de la realidad.
3. Caída en los niveles de coeficiente intelectual.
4. Pérdida de lenguaje.
5. Pérdida del sentido común.

A efecto de comprender mejor lo que ha significado cada uno de estos ángulos, los desarrollamos por separado.

1. Pérdida de la atención

Un signo del tiempo actual es la denominada *crisis de la dispersión* que afecta a la mayoría de las personas[1]. La dispersión es el fenómeno por el que se pierde *focus*, esto es, capacidad de concentración. Por otra parte, la dispersión genera el fenómeno conocido como *mente errante*, que impide la reflexión; la mente errante tiende a la depresión y ansiedad[2].

Un motivo central que causa la mente errante es el exceso de información que invade la mayoría de los espacios[3]. Así, se ha generado la idea del Premio Nobel Herbert Simon con su concepto *economía de la atención,*

---

[1] Cfr. Daniel GOLEMAN, *Focus. El motor oculto de la excelencia* (Buenos Aires: Ediciones B, 2013).

[2] La *mente errante* es un tipo de pensamiento difuso que se interpone entre la situación concreta que estamos viviendo y las ideas que circulan por nuestra cabeza. Va desde la simple atención desenfocada hasta la franca ensoñación.

[3] Según *Zenith Media*, en promedio, una persona recibe tres mil impactos de información al día. Cfr. «Señalización Digital, una nueva era de la comunicación.», *DSLATAM* (blog), s. f., https://dslatam.org/senalizacion-digital-una-nueva-era-de-la-comunicacion/.

20

cuya idea central es que «la abundancia de la información da lugar a la pobreza de la atención»[4].

La mente errante, por otro lado, deteriora de forma importante la capacidad de decidir. Según distintos estudios, uno de los mayores problemas con que se enfrenta la denominada generación *centennial*, es la falta de capacidad de decisión; situación que se refleja en la crisis de gran cantidad de jóvenes para definir su vocación profesional.

En la cultura general, existen dos mitos falsos:

a) El mito de que una persona nace con una mayor o menor capacidad de atención, que no podrá modificar por ser algo determinado desde su origen[5]. En realidad, la atención se entrena y puede mejorarse de forma relevante.

b) El mito del *multitask*. Está demostrado neuronalmente que la atención no puede dividirse: se trata de un canal fijo y estrecho. Cuando se realiza *multitask* (multi-tareas), lo que ocurre, simplemente, es que se consigue cambiar el foco de atención muy rápidamente[6].

2. Desconexión de la realidad

La denominada, por distintos pensadores como Žižek, Byung-Chul Han o Edgar Morin, *nueva realidad*, tiene

---

[4] Cfr, Jenny ODELL, *How to Do Nothing: Resisting the Attention Economy* (Brooklyn, NY: Melville House, 2019).

[5] En los últimos años ha habido la idea de un mal generalizado, conocido como *Déficit de Atención e Hiperactividad* (TDAH).

[6] Cfr. Daniel KAHNEMAN, *Pensar rápido, pensar despacio*, trad. Joaquín Chamorro Mielke (Barcelona: Editorial Debate, 2012).

21

características con consecuencias profundas. No se trata solamente de un cambio temporal o de algunos aspectos superficiales, sino que es algo más de fondo: un cambio en la concepción del espacio y el tiempo[7].

Un aspecto relevante se relaciona con la conexión que tendremos con la realidad. Acostumbrados a la realidad, que es cercana y física, ahora la mayor parte del tiempo la pasamos frente a una pantalla, frente a la «virtualidad». Nuestro conocimiento de la realidad está llevándose a cabo, en estos tiempos, a través de la ventana digital. Cuando la ventana digital se utiliza demasiado, se pueden *empezar a confundir aspectos de la realidad con la representación digital*: puede perderse la frontera entre lo digital y lo real.

3. Caída en el coeficiente intelectual

La década de 1980 marcó el inicio de una transformación paradigmática en la historia de la humanidad. Inició el proceso de *digitalización* que, al paso del tiempo, ha desembocado en la denominada *Cuarta Revolución Industrial*[8]. La invasión de la tecnología digital en la vida ordinaria de las personas ha tenido como resultado que las generaciones jóvenes (las denominadas *centennial* y *alpha*) se conformen de *nativos digitales*.

---

[7] Cfr. Edgar Morin, *Cambiemos de vía: Lecciones de la pandemia*, trad. Núria Petit Fontserè (Barcelona: Ediciones Paidós, 2020).

[8] Cfr. Reinhard Ematinger, *From Industry 4.0 to Business Model 4.0: Opportunities of the Digital Transformation*, Essentials (Wiesbaden [Heidelberg]: Springer Gabler, 2021).

La nueva realidad digital transforma la manera de razonar y comprender la realidad, el mundo: las generaciones *nativas digitales* son las primeras con un coeficiente intelectual más bajo que las anteriores. Varios estudios demuestran que, cuando aumenta el uso de la televisión o los videojuegos, el coeficiente intelectual disminuye[9].

Es desproporcionado el uso de tecnología por parte de las nuevas generaciones: con dos años de edad, el consumo medio se sitúa en torno a las tres horas diarias; de los ocho a los doce años se acerca a las cinco, y en la adolescencia a casi siete horas. El tiempo frente a una pantalla por motivos recreativos, retrasa la maduración anatómica y funcional del cerebro.

4. Pérdida del lenguaje

Uno de los elementos más afectados en la actualidad es el lenguaje. El lenguaje es la manera en que comprendemos, procesamos y expresamos ideas. La palabra es el medio de expresión de una idea. En la medida en que se *pierden palabras* se pierde la capacidad de pensar, afectando el proceso de madurez intelectual[10].

Por otro lado, la *vulgarización del lenguaje* —esto es, el enfoque grotesco de palabras y la fijación en aspectos

---

[9] Cfr. Michel DESMURGET, *La fábrica de cretinos digitales: los peligros de las pantallas para nuestros hijos*, trad. Lara Cortés Fernández (Barcelona: Editorial Península, 2022).

[10] Cfr. Marshall MCLUHAN, *Understanding Media: The Extensions of Man*, ed. W. Terrence Gordon (Berkeley, California: Gingko Press, 2013).

23

menos sublimes— también disminuye la capacidad de pensamiento.

Finalmente, otro aspecto de pérdida en el lenguaje que impacta en el proceso de madurez intelectual, tiene que ver con el *significado* de las palabras. Durante años, Occidente construyó un lenguaje para expresar la cultura, en la que se encuentran incardinados sus valores. El cambio del significado de las palabras modificó nuestro sentido cultural y, con ello, nuestra forma de razonamiento construida durante siglos. El proceso de deconstrucción cultural ha pasado por el cambio del *sentido* de las palabras[11].

5. Pérdida del sentido común

Más que en otros momentos de la historia de la humanidad, hoy atentamos contra el sentido común y es realmente difícil mantenerlo, entre muchos aspectos, porque vivimos en un mundo de paradojas o contradicciones a las que nos acostumbramos, y también porque ha adquirido enorme fuerza la deconstrucción cultural.

Vivimos en un mundo de paradojas que lo vuelven absurdo, un entorno al que nos acostumbramos y que nos hace perder el sentido común, alejándonos de la realidad[12]:

a) Más tecnología y más deterioro del mundo.

b) Más información y cada vez más confusión e ignorancia.

---

[11] Cfr. Antonio GRAMSCI, *Pasado y presente. Cuadernos de la cárcel* (Barcelona: Gedisa, 2018).

[12] Cfr. Sebastián CHUN, *Democracia por venir: ética y política de la deconstrucción* (Buenos Aires: Prometeo libros, 2021).

24

c) Más satisfactores materiales, y mayor insatisfacción y tristeza.

d) Más riqueza acumulada y cada vez más desigualdad.

e) Más alimentos y más hambre.

f) Más elementos de comunicación y mayor soledad.

Ello hace que nos acostumbremos a pensar en clave de lo absurdo.

Por otro lado, vivimos en un mundo que desde hace décadas ha apostado por la llamada *deconstrucción*, esto es, el desmontaje del bagaje occidental, cultural y humano, que llevó siglos construir. Esta tendencia —impulsada desde el campo de la filosofía por pensadores como Jacques Derrida— ha adquirido la fuerza de una tendencia imparable. El problema es que, al desmontar nuestra cultura, se deja un vacío que requiere llenarse por algo de un valor similar, situación que no ha surgido. Cuestionamos así todo lo que pertenece al pasado, lo vemos como inferior, bajo la idea progresista de que el avance de la humanidad es constante y cada vez mejor.

B. Características generales
de la madurez intelectual

La inteligencia humana posee una vertiente teórica y otra práctica. La primera se orienta a conocer la verdad en ámbitos como la ciencia, donde la verdad existe previamente en la realidad y la tarea del intelecto consiste en descubrirla para comprenderla. Aquí se sitúa, por ejemplo, el conocimiento de la biología para quien tiene que ocuparse de conocimientos relacionados con los seres vivos. Pero

25

también pertenecería a este nivel de la inteligencia, el conocimiento de las verdades de fondo que orientan la vida humana y que no son objeto de un saber empírico: quién soy yo, cuál es el sentido de mi vida, dónde se encuentra la verdadera felicidad, qué son los valores, etcétera.

La inteligencia práctica, en cambio, se dirige a la acción y, ordinariamente, su objeto depende de la concepción previa del sujeto, como ocurre con el artista que crea una obra de arte o el técnico que fabrica una máquina, y cuya representación se encuentra con anterioridad en la mente. En este segundo caso se sitúa también el saber ético o moral, propio de la virtud de la prudencia —sabiduría práctica—, que consiste en dirigir las acciones que terminan no ya en un producto externo, como en el arte y la técnica, sino en el propio sujeto, y que lo perfeccionan en cuanto persona, si están ordenadas al fin último de su existencia.

Según lo anterior, la madurez intelectual se refiere al buen uso de la inteligencia para que conduzca a la verdad en cada uno de los campos donde actúa. Pero cabe añadir que las disposiciones y hábitos del entendimiento, como pueden ser la capacidad de reflexión, de análisis y síntesis, también forman parte de la madurez intelectual, ya que posibilitan que el entendimiento alcance su cometido en cualquiera de sus ámbitos.

C. Rasgos de una inteligencia madura

1. La función de la inteligencia especulativa o teórica —propia de la ciencia— es conocer la verdad con objetividad, de manera que un aspecto de la madurez, en este

26

campo, consistirá en adquirir un *conocimiento verdadero* sobre la realidad que a cada quien le corresponde, cuando su actividad profesional es de carácter intelectual. El médico, por ejemplo, tendrá dominio de su especialidad, el abogado o el científico conocerán con profundidad el saber propio de su profesión. Para ello, ordinariamente no bastará con la experiencia adquirida en el ejercicio profesional, sino que hará falta dedicar tiempo al estudio y a la capacitación permanente para mantenerse actualizado.

2. Otro aspecto complementario de la madurez intelectual consistirá en reconocer que lo real no se reduce a lo material, ni la verdad a lo conocido por la ciencia positiva, sino que existen *realidades inmateriales* —los valores, el alma humana, Dios, etcétera— cuya verdad puede conocerse con objetividad, aunque sea materia de otro saber distinto al de la propia especialidad. Esto es válido, por tanto, para cualquier persona independientemente de su profesión, ya que se refiere a las verdades que a todos nos atañen: cuál es el origen y el fin del hombre, el sentido de la vida humana, el misterio del dolor y del sufrimiento, la importancia del amor para la felicidad… La persona madura tendrá respuestas suficientemente satisfactorias a estas preguntas —que escapan al campo de la ciencia positiva—, porque posee una formación intelectual sólida, en parte de carácter filosófico, sin que eso implique convertirse en especialista. Y, en el caso del creyente, podrá complementar esas respuestas con las verdades de la fe que profesa, apoyadas en una formación doctrinal y teológica consistente; esto le permitirá adquirir una visión trascendente de la vida, que incluya claridad en sus metas y objetivos.

27

3. La madurez de la inteligencia práctica, que tiene como término un producto —la obra de arte, el objeto producido por la técnica—, consistirá en el dominio de la *habilidad* para conseguir la mayor perfección posible en lo producido. Es indudable que el talento natural en estos ámbitos cuenta mucho, pero también es cierto que la práctica consistente conduce a desarrollar las capacidades artísticas o técnicas. Un músico, por ejemplo, debe dedicar ordinariamente muchas horas diarias, durante años, para alcanzar el nivel de excelencia. Parece oportuno advertir que quien se dedica a estos ámbitos de carácter práctico, antes que artista o técnico, es persona, por lo que su madurez intelectual no estaría completa si se redujera a su actividad específica y desconociera las verdades que perfeccionan a la persona en cuanto persona.

4. Por tanto, la madurez en el orden de la sabiduría práctica se manifiesta también en el *criterio ético* que permite distinguir las acciones buenas de las malas, es decir, aquellas que conducen a la persona a su fin y aquellas otras que la desvían. Quien es maduro en este sentido, tiene un juicio ponderado y, en las circunstancias concretas, sabe discernir las diversas opciones para tomar las decisiones correctas; emplea su propia experiencia y, aunque posee convicciones sólidas y estables, se apoya también en el *consejo* de los demás y aprende de ellos. En una palabra, es prudente, sin que haya que considerar esta virtud como mera precaución, sino como la capacidad de orientar las acciones hacia el fin último de la persona. Lógicamente, además de aprender de la propia experiencia y del consejo de otros, se hará necesario profundizar en el conocimiento de la ética y de la moral para adquirir criterios claros.

28

5. El *sentido común* es otro rasgo de la persona madura. Está muy relacionado con la virtud de la prudencia y consiste en la capacidad para juzgar, de manera razonable, las situaciones de la vida cotidiana y decidir con acierto. El filósofo francés, Henri Bergson, lo define como «la facultad para orientarse en la vida práctica». El sentido común reúne y coordina la información que recibe de distintas fuentes, para distinguir entre lo verdadero y lo falso, lo bueno y lo malo, lo probable y lo improbable, lo oportuno y lo inoportuno. Cuando alguien carece de sentido común, choca con el ambiente porque se encuentra habitualmente fuera de lugar, a destiempo. Esto puede ocurrir a personas con un elevado coeficiente intelectual, que dominan saberes científicos, pero que carecen de esa conexión con la realidad concreta, necesaria para manejarse con normalidad en la vida práctica. Según Emerson, «podría decirse que el sentido común es la línea más corta entre dos puntos». Cuando existe sentido común, los individuos comprenden cuál es su rol en el conjunto de la sociedad, porque les permite aproximarse a la realidad, dando a las cosas su justa dimensión. Por eso Chesterton advertía que «una sociedad está en decadencia cuando el sentido común se vuelve poco común». ¿Cómo desarrollarlo? Fundamentalmente a partir de las propias experiencias —por ejemplo, relacionando los actos que realizamos con sus consecuencias, y las consecuencias con lo que motivó nuestras acciones—, y mediante la observación de personas que destacan por tener un claro sentido común.

6. Para conocer la verdad se requiere capacidad de *reflexión*, la cual consiste en pensar atenta y detenidamente

sobre el tema en cuestión, llevar a cabo una labor de análisis que permita aproximarse a los diversos aspectos que incluye y, posteriormente, realizar un trabajo de síntesis para observar aquello en su conjunto y jerárquicamente. La reflexión ha de ir unida a la capacidad de *concentración*, pues ambas disposiciones de la mente se exigen de manera recíproca. Cuando esto ocurre, se supera la dispersión y la pérdida de atención que, como se ha señalado, es uno de los problemas actuales más acuciantes. Para desarrollar la capacidad de reflexión suele ayudar la lectura y el estudio de libros o artículos de pensamiento, que estén bien estructurados[13]. También el diálogo que se establece sobre contenidos valiosos es otro apoyo que favorece la capacidad de reflexión. Redactar las propias ideas y los argumentos sobre algún tema, exige igualmente reflexionar, y en este caso es recomendable volver una y otra vez sobre el texto redactado, con actitud crítica para garantizar su rigor. Y entre otros recursos, para desarrollar la capacidad de concentración, además de alejar físicamente de nosotros todo aquello que pueda distraernos —*smartphone*, televisión, radio…—, ayudará reflexionar sobre un solo tema durante un período largo de tiempo.

7. Cuando la reflexión está bien estructurada, conduce a captar la realidad con objetividad —esto es, con *realismo*—, de manera que la inteligencia se ajusta a lo que las cosas son, y evita caer en el subjetivismo. La persona

---

[13] «Yo no puedo sufrir en mi vecindad un libro mediocre; yo no leo muchos libros; el secreto de la lectura —dicen los hombres expertos— no está en leer una muchedumbre de volúmenes, sino en leer pocos, en leerlos con atención y en volver a leerlos» Azorín, *Tiempos y cosas* (Barcelona: Salvat editores, 1978), 109.

intelectualmente madura, por tanto, reconoce que existen verdades objetivas y universales que no dependen del punto de vista de cada sujeto, sino que son válidas en sí mismas y de manera permanente. Esto le invita a mantenerse conectada con la realidad y a evitar la desconexión, provocada hoy en día especialmente por el mundo virtual, como también se ha mencionado. Para favorecer esta disposición de la inteligencia —que se atiene a lo que las cosas *son*—, ayuda la humildad intelectual, porque evita la tendencia a considerar el propio yo como creador de la verdad, al pretender imponer sus condiciones a la realidad, en lugar de dejarse medir por ella. La soberbia intelectual conduce al subjetivismo, precisamente porque da prioridad al sujeto sobre los objetos del mundo real.

8. Para adentrarse en la riqueza de la realidad, conocerla con objetividad y llegar lo más lejos posible en ese conocimiento, hace falta *profundidad* en el sujeto que conoce. Solo así será posible distinguir entre lo virtual y lo real, entre lo inmediato y lo trascendente, e ir más allá de lo constatable empíricamente para acceder a las realidades inmateriales. En el orden de la conducta práctica, la profundidad de la inteligencia se manifiesta, entre otras cosas, en la capacidad de jerarquizar los problemas según su importancia, para afrontarlos conforme al orden que les corresponde. Quien desarrolla esta disposición de profundidad incrementa también su capacidad intelectual y evita la disminución del coeficiente intelectual, que mencionábamos ha ocurrido en los últimos tiempos a los *nativos digitales*. También aquí, el estudio y la lectura de contenidos valiosos favorece que la inteligencia crezca en profundidad, lo mismo que el diálogo con quienes poseen

esa característica. Esto también ocurre cuando se fomenta la capacidad de observación —en las relaciones humanas, en la contemplación de la naturaleza, etcétera—, porque ayuda a no quedarse en la superficie de aquello con lo que nos relacionamos. En el terreno espiritual, la meditación entendida como conversación personal con Dios —que incluye hablarle y escucharle— conduce a que, quien la practica, crezca en el conocimiento y en el amor a Dios, ahonde en sus propias responsabilidades y se haga más consciente del servicio que está llamado a prestar a los demás.

9. Otra señal de madurez intelectual suele ser la *capacidad de expresión* verbal y escrita. Las ideas se transmiten mediante palabras. Cuando no se sabe cómo expresar una idea, ordinariamente se debe a que la idea no se ha comprendido suficientemente. Pero la causa también puede estar en la pobreza del lenguaje ya que, al no contar con un término para dicho concepto, la idea no aflora y no se comprende. Por tanto, el proceso de madurez intelectual requiere enriquecer el propio lenguaje mediante la lectura, el estudio y la conversación con quienes dominan bien el léxico. Pero no se trata solo de incrementar el número de vocablos, sino de aprender palabras que signifiquen realidades que posean contenido, ya que este aspecto cualitativo del lenguaje será determinante para el enriquecimiento de las propias ideas. De esta manera, la persona intelectualmente madura conoce el significado preciso de las palabras y las utiliza con propiedad para expresar, sin ambigüedad, las ideas verdaderas. Este será el camino para superar los problemas que hoy se presentan en torno al lenguaje —y que ya han sido señalados: pérdida de palabras, vulgarización del modo de hablar y cambio

de significado de los términos— y favorecer así la madurez de la inteligencia.

10. Finalmente, la *creatividad* y la *iniciativa* son también manifestaciones de una inteligencia madura, que no se conforma con conocer pasivamente la realidad, sino que descubre posibilidades enriquecedoras de acción a partir de ella. La creatividad es la capacidad para producir algo nuevo y relevante, que suponga una aportación en cualquier campo, tanto teórico como práctico. El progreso de la ciencia, el desarrollo de la tecnología, los avances en el arte, el proceso de mejora del ser humano, la convivencia pacífica en la sociedad, requieren de creatividad e iniciativa, que suelen provenir de una persona madura intelectualmente. Para fomentar la creatividad hace falta soltar la imaginación, apasionarse por los proyectos, tener la iniciativa de enfrentar retos, arriesgar y superar el temor a equivocarse, echar mano del pensamiento divergente o lateral, que permite encontrar caminos nuevos y diferentes a los conocidos. Todo esto sin dejar de mantener los pies en la tierra y sin perder la propia ubicación en la vida.

MADUREZ INTELECTUAL

La inteligencia humana está llamada a ser la guía de la vida
y la conducta de cualquier persona, de ahí su importancia
y función insustituible.

● PROBLEMAS ACTUALES

1. Pérdida de la atención
2. Desconexión de la realidad
3. Caída del coeficiente intelectual
4. Pérdida del lenguaje
5. Pérdida del sentido común

● RASGOS DE UNA INTELIGENCIA MADURA

1. Respuestas a las cuestiones fundamentales
2. Conocimiento verdadero en el propio ámbito profesional
3. Dominio sobre la habilidad práctica
4. Criterio ético
5. Sentido común
6. Capacidad de reflexión
7. Realismo
8. Profundidad
9. Capacidad de expresión verbal y escrita
10. Creatividad e iniciativa

2.
MADUREZ DE LA VOLUNTAD

A. Problemas actuales

En la cultura global, la pandemia COVID-19 supuso la conciencia de *vulnerabilidad*. Hasta antes de ese acontecimiento, se había extendido la idea de un mayor dominio sobre la realidad, como lo reflejaban algunas corrientes, entre ellas el llamado *transhumanismo*, cuya idea central es la de mejorar a la humanidad en muchos de sus aspectos, solo a través de las biotecnologías. La conciencia de vulnerabilidad —que consiste en saber que uno puede ser herido o recibir lesiones, ya sea física o moralmente— suele agravarse hasta llegar a niveles patológicos, cuando la voluntad se debilita y se hace incapaz de superar el temor a las agresiones o amenazas que puedan presentarse en la vida.

Vulnerabilidad y *debilidad* se relacionan, aunque no son lo mismo. La vulnerabilidad consiste en la posibilidad de ser herido, mientras que la debilidad es la falta de ánimo o energía para enfrentar los desafíos de la vida. La vulnerabilidad se refiere principalmente a circunstancias exógenas a la persona; la debilidad es defecto de la voluntad. Ciertamente, mientras más débil es la voluntad, la persona se hace más vulnerable. Nuestra cultura dificulta el desarrollo y fortalecimiento de la voluntad personal. A continuación, señalaremos algunas causas.

1. Sobreprotección

Un rasgo característico de este tiempo es el de una *debilidad* generalizada, de manera particular en las generaciones jóvenes, que ha llevado a nombrarlas «de cristal»: con derecho a todo, pero con obligación de nada. El término *generación de cristal* fue acuñado por la filósofa Montserrat Nabrera y se refiere a los nacidos después del año 2000, quienes pueden llegar a ser más frágiles, inestables o inseguros, y a tener poca tolerancia a la crítica, al rechazo y a la frustración, debido sobre todo a ser educados por unos padres, pertenecientes a la generación X —trabajadora y luchadora, que experimentó fuertes carencias—, que los sobreprotegieron.

Haidt y Lukianoff, dos investigadores que han realizado un valioso análisis sobre lo que ocurre actualmente en las universidades de Estados Unidos, consideran que uno de los grandes errores consiste en evitar todo lo que suponga dificultades, experiencias dolorosas, fracasos y riesgos porque se supone que deterioran a las personas. Lo denominan «la falsedad de la fragilidad: *lo que no te mata te hace más débil*» y lo relacionan con la sobreprotección:

36

Hay un viejo dicho: «Prepara al niño para el camino, no el camino para el niño». Pero, hoy día, parece que estamos haciendo justamente lo contrario: estamos intentando despejar cualquier cosa que pueda molestar a los niños [...]. Si protegemos a los niños de diversas clases de experiencias potencialmente perturbadoras, haremos que sea mucho más probable que esos niños sean incapaces de lidiar con dichos sucesos cuando salgan de nuestro paraguas protector. La obsesión moderna de proteger a los jóvenes de la «sensación de inseguridad» es, a nuestro juicio, una de las [varias] causas del rápido aumento de las tasas de depresión, ansiedad y suicidio en los adolescentes[1].

2. Gratificación inmediata

El modelo económico vigente se basa en el consumo[2], el cual ha producido una actitud denominada *consumismo*: una necesidad permanente de obtener bienes y servicios, en el menor tiempo posible, aunque no se requieran realmente. El consumismo supone, para la persona, la dependencia de factores externos que reducen la autonomía de su voluntad y, consecuentemente, la debilitan. En lugar de desarrollar la capacidad de actuar por sí misma, la voluntad queda condicionada por esos bienes materiales que la atraen.

---

[1] Jonathan HAIDT y Greg LUKIANOFF, *La transformación de la mente moderna: cómo las buenas intenciones y las malas ideas están condenando a una generación al fracaso*, Cuarta edición: febrero de 2022 (Barcelona: Ediciones Deusto, 2022), 49.

[2] Cfr. Jean BAUDRILLARD, *La sociedad de consumo: sus mitos, sus estructuras* (Madrid: Siglo XXI de España, 2009).

El ambiente de consumo supone la continua exposición a mensajes publicitarios. En promedio, un adulto recibe entre 3 mil y 5 mil impactos diarios, lo cual favorece la aparición de un continuo sentimiento de fracaso y frustración, al no tener acceso a todo lo que se le ofrece: las expectativas suben por el elevador, mientras las posibilidades bajan por la escalera[3].

A lo anterior se ha añadido la *revolución digital* que provoca, en los usuarios de internet, la costumbre de obtener informaciones y respuestas inmediatas sobre cualquier materia, con la consiguiente dificultad para seguir procesos que requieran esfuerzo personal y favorezcan, de esta manera, el desarrollo de la voluntad.

Estos factores —propios de la sociedad de lo inmediato— generan una característica psíquica que consiste en la urgencia de compensación o gratificación inmediata, entorpeciendo el desarrollo de la voluntad, ya que una de las condiciones principales para su fortalecimiento radica en la capacidad de posponer las gratificaciones[4]. Cuando la motivación para actuar está centrada en la compensación inmediata, la voluntad queda condicionada y se debilita.

---

[3] «Análisis NEUROMEDIA sobre inversión y recuerdo publicitario por sectores de actividad», Marketing Directo, 1 de abril de 2019, https://www.marketingdirecto.com/marketing-general/agencias/analisis-neuromedia-sobre-inversion-y-recuerdo-publicitario-por-sectores-de-actividad.

[4] «Esa facultad yo la centraría en el siguiente punto: *ser capaces de aplazar la recompensa* en una era como la nuestra, que es la era de la inmediatez, en la que todo tiene que ser rápido, hacerse sobre la marcha». Enrique Rojas, *El amor inteligente* (Ediciones Temas de Hoy, 1999), 64.

38

3. Adicciones

La adicción consiste en la «dependencia de sustancias o actividades nocivas para la salud o el equilibrio psíquico» (RAE). Existen distintos tipos, en la actualidad destacan la adicción a las drogas, al alcohol, a la pornografía, al juego o a los medios digitales. Son, en buena medida, consecuencia de la pérdida de sentido trascendente y suponen un debilitamiento extremo de la voluntad.

Vivimos el momento de más adicciones en la historia de la humanidad. Basta pensar en el incremento del consumo de drogas. Los números son impresionantes. De acuerdo con el *Informe Mundial sobre las Drogas 2021*, publicado por la Oficina de las Naciones Unidas contra la Droga y el Delito:

Entre 2010 y 2019, el número de personas que consumen drogas se incrementó en un 22 %, debido en parte al aumento de la población mundial. Basadas únicamente en los cambios demográficos, las proyecciones actuales sugieren un alza del 11 % en el número de personas que consumen drogas a nivel mundial para 2030, y un marcado incremento del 40 % en África, debido a su población creciente y joven. Según las últimas estimaciones globales, alrededor del 5,5 % de la población de entre 15 y 64 años, ha consumido drogas al menos una vez durante el último año; mientras que 36,3 millones de personas, es decir, el 13 % del total de quienes utilizan drogas, sufre trastornos por su consumo[5].

---

[5] UNODC, «Informe Mundial sobre las Drogas 2021. Resumen ejecutivo e implicaciones políticas», World Drug Report (Vienna:

Resulta evidente que la adicción a las drogas, como las demás adicciones mencionadas, reducen considerablemente la libertad de las personas, porque limitan la capacidad de la voluntad para tomar decisiones y llevarlas a cabo. Por ello, las adicciones son una de las causas más claras del debilitamiento de la voluntad.

4. Procrastinación

La *procrastinación* consiste en retrasar o postergar actividades que deberían realizarse, sustituyéndolas frecuentemente por otras más irrelevantes o que requieren menos esfuerzo. Distintos investigadores sostienen que esta conducta ha ido incrementándose durante el presente siglo. Piers Steel, profesor de la Universidad de Calgary, dedicado al estudio de la procrastinación, señala que:

> En multitud de encuestas, alrededor del 95 por ciento de las personas admite que procrastina, y una cuarta parte de ese 95 por ciento, señala que es una característica crónica, definitoria. «Dejar de procrastinar» es una de las principales metas que todo el mundo dice tener en cualquier momento[6].

Ordinariamente, la tendencia a procrastinar se debe a uno de estos dos factores: la *pereza*, porque la tarea a realizar carece de motivación y se presenta como tediosa, aburrida

Organización de las Naciones Unidas, 2021), //www.unodc.org/unodc/en/data-and-analysis/wdr-2021_booklet-1.html.

[6] Piers STEEL, *Procrastinación: Por qué dejamos para mañana lo que podemos hacer hoy*, trad. Juan Pedro Campos, Electrónica (Barcelona: Penguin Random House, 2011), loc. 214 de 5168.

40

o costosa; y el *miedo* ante la actividad que correspondería llevar a cabo, porque se percibe como ardua, peligrosa, o con probabilidad de fracaso. En ambos casos se prefiere retrasar las cosas antes que afrontarlas, con frecuentes consecuencias negativas, como la ansiedad, generada por los asuntos pendientes no resueltos. La procrastinación es una forma de evadirse de la realidad, sustituyendo la tarea por otras actividades que exigen menos esfuerzo y determinación: navegar en internet, perder el tiempo en las redes sociales, ver series, ir de compras, comer demasiado, etcétera.

Otro factor que puede repercutir en la procrastinación es la multitarea *(multitasking)* que, como se ha dicho, consiste en realizar varias actividades al mismo tiempo, con el riesgo de no concluir ninguna, de manera que lo que debería realizarse se acaba postergando.

Cuando una persona repite una y otra vez la actitud de procrastinar, se forma en ella el hábito, convirtiéndose en un procrastinador crónico, con serias dificultades posteriores para superar esta inclinación. Es claro, por tanto, que la procrastinación conduce a un debilitamiento de la voluntad, por falta de esfuerzo para realizar las tareas previstas y por carencia de determinación para afrontar los retos, y superar el miedo ante los riesgos y el posible fracaso.

5. *Aburrimiento*

Otra característica extendida y todavía poco desarrollada como problema de salud pública es el *aburrimiento*, que consiste en el hastío o cansancio del estado de ánimo por carencia de estímulos, puesto que los estímulos son

41

repetitivos y rutinarios, o resultan tediosos. El aburrimiento es una emoción desagradable y desactivadora de la conducta que provoca la sensación de que el tiempo no transcurre, por lo que se desea escapar de esa situación.

En un nivel más profundo, el aburrimiento procede de una existencia desprovista de sentido y, consecuentemente, carente de intereses e ilusiones. Esto último puede ocurrir simplemente porque se cree que nada interesa o porque se asume que los deseos han quedado completamente saciados y ya no se aspira a nada, lo cual provoca que desaparezca toda motivación y que la persona caiga en la pasividad propia del aburrimiento.

Cuando alguien incurre en el aburrimiento genera un círculo vicioso: se aburre porque carece de intereses; para salir del aburrimiento realiza actividades que no requieren esfuerzo, ni físico ni mental; tales actividades no le generan interés ni motivación, por lo que vuelve a aburrirse. En este proceso, la voluntad va decayendo al no luchar y, al debilitarse, se incapacita para salir del aburrimiento al no proponerse intereses valiosos que, ordinariamente, requerirán esfuerzo.

En el ámbito laboral se ha acuñado el término «síndrome de *boreout* o del trabajador aburrido» que, lo mismo que el «síndrome de *burnout* o del trabajador quemado», estresa a la persona y debilita su voluntad[7]. En el campo académico, se ha constatado una caída en el rendimiento a nivel de educación superior por aburrimiento: los estudiantes más

---

[7] Cfr. Phillipe ROTHLIN y Peter WERDER, *El nuevo síndrome laboral Boreout. Recupera la motivación*, trad. Luis Miralles de Imperial Miralles de Imperial Llobet (Barcelona: Penguin Random House, 2009).

42

aburridos reportan menos horas de estudio y calificaciones más bajas, que aquellos que no lo están[8].

Todo esto hace ver que el aburrimiento —derivado de la falta de sentido en la vida y de la carencia de objetivos valiosos, que generen interés e ilusión— trae como consecuencia un debilitamiento de la voluntad, con resultados perniciosos para la persona.

B. CARACTERÍSTICAS GENERALES
DE MADUREZ DE LA VOLUNTAD

La voluntad es la facultad humana de querer el bien que la inteligencia presenta. Cuando tomamos una decisión o elegimos alcanzar una meta, es la voluntad la que realiza esos actos, lo cual significa que la libertad radica en ella. Una voluntad madura reúne dos características: está ordenada al bien real, objetivo, y tiene la fuerza suficiente para alcanzarlo habitualmente. En cambio, la inmadurez de la voluntad se manifiesta en que busca el bien puramente subjetivo, con lo que incurre frecuentemente en el egoísmo que no conduce a la persona a su perfección; y en que es débil para actuar, de manera que, aunque la inteligencia le presente la meta correcta, la voluntad no es capaz de responder ante ella.

La primera característica de la voluntad madura —su orientación al bien objetivo— depende principalmente de la inteligencia, a la que corresponde señalar cuál es ese

---

[8] J. TORALES y I. BARRIOS, «El aburrimiento en estudiantes universitarios», *Revista de la Fundación Educación Médica* 20, n.º 4 (2017): 207, https://doi.org/10.33588/fem.204.900.

43

bien para la persona y distinguirlo de otros bienes aparentes que pueden atraer, pero que no conducen a la meta final del sujeto, como sería la posibilidad de hacerse con los bienes ajenos de manera injusta o de incurrir en la corrupción para obtener algún beneficio. Sin embargo, no basta con que la inteligencia distinga y señale el bien objetivo para que la voluntad lo siga, ya que esta goza de cierta autonomía, pues, como advierte Carlos Llano, «se mueve a sí misma»[9]. Esto significa que puede rechazar lo que la inteligencia le presenta como bueno y optar por actuar de otra manera. Si la voluntad está bien formada se inclinará y seguirá habitualmente el bien objetivo.

Por lo que se refiere a la segunda característica —la fuerza de voluntad—, hay que señalar que requiere del esfuerzo[10] para desarrollarse y que se manifiesta, entre otras cosas, en la capacidad para tomar decisiones, ejecutarlas, ser constante en el proceso y, finalmente, terminar lo propuesto. Por eso, una voluntad fuerte juega un papel fundamental en la vida, ya que posibilita afrontar retos valiosos, proponerse metas altas y realizar proyectos trascendentes. En palabras de la psiquiatra Marian Rojas:

---

[9] «Lo que mueve a la voluntad no es el entendimiento: *la voluntad se mueve a sí misma,* a la luz de las opciones que el entendimiento le ofrezca o aconseje» Carlos LLANO, *Formación de la inteligencia, la voluntad y el carácter* (Ciudad de México: Trillas, 1999), 108..

[10] «El esfuerzo mismo tiene siempre su valor: vale, ni más ni menos, lo que vale nuestra vida. O, mejor dicho, esta vale lo que valgan los esfuerzos, y es tanto más valiosa cuanto más esforzada. Si no valiera ni el esfuerzo ni su resultado, ¿dónde quedaría entonces el valor de la vida?». Eduardo NICOL, *Las ideas y los días* (Ciudad de México: Afinita Editorial, 2007), 386.

44

Uno de los indicadores más claros de madurez de la personalidad es tener una voluntad recia. Y al revés, uno de los síntomas más evidentes de inmadurez de la personalidad es tener una voluntad débil, frágil, quebradiza, que pronto abandona la lucha por llegar a la meta propuesta[11].

Sin embargo, es importante advertir que la voluntad requiere también el apoyo de la afectividad para desplegarse eficazmente; mientras que una voluntad carente de ese apoyo, o con las emociones actuando en la dirección contraria, quedará considerablemente reducida, si no es que paralizada o desviada de su objetivo. En cambio, «cuando se logra que los dos motores del funcionamiento humano, afectividad y voluntad, actúen al unísono, la capacidad de realizar tareas importantes en el mundo se multiplica»[12].

El camino —en armonía con la inteligencia y la afectividad— para la madurez de la voluntad es el de las virtudes, que proporcionan la inclinación habitual al bien, así como la facilidad y el gozo para llevarlo a cabo. El creyente no perderá de vista que la gracia sobrenatural es otro factor fundamental que apoya eficazmente el actuar de la voluntad.

C. Rasgos de una voluntad madura

1. La voluntad madura es *dócil* a la orientación que la inteligencia bien formada le presenta, de manera que elegirá habitualmente el bien objetivo a la hora de actuar.

---

[11] Marian Rojas Estapé, *Cómo hacer que te pasen cosas buenas* (Ciudad de México: Editorial Diana, 2019), 221.

[12] Fernando Sarráis Otero, *Madurez psicológica y felicidad* (Pamplona: EUNSA, 2013), 24.

Esto implica renunciar a aquellos bienes que le atraen pero que le supondrían desorden, porque no conducirían a la meta final de la persona. O renunciar a aquellos otros que serán lícitos en el futuro, pero que en el presente han de postergarse como, por ejemplo, esperar a procrear un hijo hasta contraer matrimonio. La docilidad exige también *flexibilidad* para adaptarse a las circunstancias y al cambio, mientras que una voluntad rígida es una voluntad inmadura. Una manifestación de flexibilidad sería, por ejemplo, la capacidad de rectificar cuando nos hemos equivocado.

2. Signo especialmente importante de madurez de la voluntad es la *capacidad de amar*, al prójimo y a Dios, de manera efectiva. Este amor exige, ordinariamente, no solo dar algo al destinatario, sino «darse», es decir, requiere entrega, que muchas veces incluye la renuncia a uno mismo, a los propios gustos, a la propia comodidad, para buscar de verdad el bien del prójimo o responder a lo que Dios espera de uno[13]. Este amor de la voluntad es distinto, aunque complementario, del amor afectivo, el cual, si careciera del soporte de la voluntad, se tornaría inestable, ya que los sentimientos suelen ser volubles. Pero también hay que advertir que el amor volitivo, sin el lubricante del factor emocional y afectivo, resultaría frío e incompleto.

---

[13] «Puesto que en manos de la voluntad se encuentran las riendas de todas nuestras facultades y operaciones, al entregar a quien amamos nuestra voluntad (e identificarla con la suya), le ofrendamos, en cierto modo, *todo* lo que somos: nuestra *persona* íntegra» Tomás MELENDO GRANADOS, *El verdadero rostro del amor* (Madrid: Ediciones Internacionales Universitarias, 2006), 87.

46

3. La fuerza de voluntad se manifiesta, en primer lugar, en la facilidad y firmeza para *tomar decisiones*, evitando tanto la procrastinación como las decisiones lánguidas, que pronto se desvanecen y no se traducen en acciones. Para ello, ayudará superar el temor a equivocarse y el comprometerse a fondo con lo decidido.

4. Cuando ante una decisión se presentan varias alternativas —cada una con sus pros y contras—, la madurez de la voluntad se expresa en que opta por *la mejor*, aunque sea la más difícil de llevar a cabo. Esto implica tener presente que estamos llamados a dar lo mejor de nosotros mismos, lo cual requiere asumir un afán de continua superación que irá concretándose en esas buenas decisiones que vayamos tomando a lo largo de la vida.

5. Lo que sigue a la decisión es la *ejecución* de lo decidido, la puesta en práctica de la acción. La voluntad madura ejecuta con *diligencia*, actúa lo antes posible, sin diferir el inicio ni dejarlo para después. De lo contrario, la decisión no ejecutada se quedaría, en el mejor de los casos, en una buena intención. Adquirir el hábito de la puntualidad, para comenzar y terminar cada actividad, favorece la capacidad de ejecución, así como hacer en cada momento lo que toca, aunque en algunos casos resulte difícil o desagradable.

6. Una buena *ejecución* implica un *inicio fuerte*, eficiente, de manera que lo que se haga no solo responda exactamente a la decisión tomada, sino que se acometa con determinación para que llegue, posteriormente, a término. Comenzar la jornada diaria a la hora conveniente, sin dejarse dominar por la pereza, puede ser un detalle que favorezca adquirir el hábito de la ejecución.

47

7. La *constancia* en el proceso, que conduce a la meta propuesta, tiene especial importancia y es manifestación clara de madurez de la voluntad. Implica perseverar y permanecer comprometido con aquello que se ha decidido, sin abandonar la tarea a pesar de los obstáculos que puedan presentarse en el camino, tanto externos —dificultades reales asociadas al proceso— como internos —falta de entusiasmo, cansancio, etcétera—. Para desarrollar esta capacidad, suele ser recomendable practicar actividades que exijan permanencia y duración, como el alpinismo, la lectura de libros valiosos, la adquisición de un determinado hábito o virtud, etcétera.

8. La perseverancia no consiste en mantenerse en el camino de cualquier manera, sino que requiere *renovar el impulso* inicial, en cuanto se percibe que la rutina se está introduciendo, además de crecerse ante los obstáculos y convertirlos en motivaciones que favorezcan el proceso. La *resiliencia* —capacidad de asumir los fracasos y recuperarse— es condición necesaria para la perseverancia en proyectos valiosos, y ha de apoyarse en el optimismo, unido a la aceptación de la realidad.

9. Un acto distinto de la constancia es la *terminación* del proceso, alcanzar la meta, concluir lo comenzado y poner el punto final. La fuerza de voluntad se manifestará no solamente en no renunciar y suspender la acción, sino en no alargar el proceso más de lo razonable. En otras palabras, terminar a tiempo. Quien es perfeccionista, por ejemplo, suele tener dificultad para finalizar, pues habitualmente se sentirá inclinado a seguir mejorando aquello que tiene entre manos, sin acabar de concluirlo. Una voluntad madura sabe cerrar los procesos y no alargarlos

más de la cuenta. Para ello, vale la pena fomentar la simplificación y cumplir con los plazos acordados.

10. Finalmente, terminar las cosas significa cuidar la *calidad*. La voluntad madura no se conforma con la mediocridad, con las tareas realizadas de cualquier manera, sino que busca la excelencia. En buena medida esto se consigue cuidando los detalles de lo que se hace, sin caer en el perfeccionismo, que ordinariamente tiene una orientación egocéntrica, por el deseo de buscar solamente la propia satisfacción en lo que se hace; en cambio, si la actividad se orienta hacia fuera de nosotros mismos —por ejemplo, al servicio de los demás y ofrecida a Dios—, la búsqueda de la perfección no conducirá al perfeccionismo.

Para concluir, cabe destacar el gran valor que una voluntad madura encierra, al hacer posible el camino hacia la plenitud de la persona, por estar orientada en esa dirección y por tener la fuerza requerida para recorrerlo.

MADUREZ DE LA VOLUNTAD

Una voluntad madura reúne dos características: está ordenada al bien real, objetivo, y tiene la fuerza suficiente para alcanzarlo habitualmente.

● PROBLEMAS ACTUALES

1. Sobreprotección
2. Gratificación inmediata
3. Adicciones
4. Procrastinación
5. Aburrimiento

● RASGOS DE UNA VOLUNTAD MADURA

1. Docilidad
2. Capacidad de amar
3. Facilidad y firmeza en la toma de decisiones
4. Optar por la mejor de las alternativas
5. Ejecutar la decisión con diligencia
6. Inicio fuerte y con determinación
7. Constancia en el proceso
8. Renovar el impulso inicial
9. Terminar el proceso
10. Cuidar la calidad

50

3.
MADUREZ EMOCIONAL

A. Problemas actuales

Una característica importante de la cultura actual es el debilitamiento de la noción de sentido. El entorno con su exceso de datos, imágenes y sonidos reduce el espacio interior de reflexión y silencio, a la vez que causa una sobreestimulación emocional, y dificulta encontrar sentido a las cosas que nos ocurren.

De manera particular, este fenómeno impacta a las generaciones *millennial* (aquellos nacidos entre los años 1981 y 1996[1]) y siguientes. De acuerdo con la psiquiatra Marian Rojas:

> Nos encontramos en el momento de mayor estimulación de la historia; hoy en día, cualquier niño de siete años ha

[1] Nota: Hacer cortes generacionales no es una ciencia exacta, por eso es posible encontrar diferencias entre algunos autores y otros.

51

recibido más información y estímulos —música, sonido, comidas, sabores, imágenes, vídeos— que cualquier otro ser humano que haya poblado antes la Tierra. Esa sobreestimulación dificulta la toma de decisiones. La juventud de hoy —los famosos *millennials*, entre los que tengo un pie puesto— se encuentra aturdida sin saber qué decidir y hacia dónde dirigirse. [...] Los *millennials* viven empapados de emociones y sentimientos que les llevan a necesitar una gratificación constante para avanzar[2].

El vacío de sentido se ha venido llenando a través de emociones. El lenguaje de las nuevas generaciones basa su búsqueda de la felicidad en las experiencias inmediatas. La experiencia, por su corta duración, genera la necesidad de otra, preferentemente más intensa.

Podría señalarse que la centralidad de las emociones en la cultura, ha generado un distanciamiento de la racionalidad. De acuerdo con Carlos Llano, se puede «definir el sentimentalismo como un modo de ser, una forma de vida, un estado de conducta en que las tendencias sensibles o sentimientos —buenos o malos— influyen más sobre la voluntad que las razones o propuestas de la inteligencia»[3].

La falta de manejo de las emociones, sin una adecuada canalización y dominio —característica del momento actual— es uno de los principales obstáculos en el proceso de madurez de la persona. Se señalan a continuación algunas de esas dificultades.

---

[2] ROJAS ESTAPÉ, *Cómo hacer que te pasen*, locs. 156-168 de 3700.
[3] LLANO, *Formación de la inteligencia*, 117.

1. Ansiedad y depresión: problemas de salud pública

Nos encontramos viviendo el momento de mayor expansión de la ansiedad y depresión, de manera que en distintos países del mundo se les considera una importante amenaza de salud pública. Una de las principales causas de estos padecimientos —aunque no la única—, radica en la inmadurez afectiva o emocional.

De acuerdo con un pronóstico realizado en 2018 por la Organización Mundial de la Salud (OMS), para 2020 la ansiedad y la depresión serían las principales causas de discapacidad laboral. En el año 2020, en plena pandemia COVID-19, un informe de la OMS señaló que prácticamente la mitad de la población mundial estaría pasando por episodios de ansiedad o depresión.

Sin embargo, aunque existen avances en la conciencia de que se trata de uno de los mayores problemas de salud pública, todavía no se han logrado las medidas necesarias para revertir la tendencia.

En 2020, solo el 51 % de los 194 Estados Miembros de la OMS informaron de que su política o plan de salud mental estaba en consonancia con los instrumentos internacionales y regionales de derechos humanos, porcentaje que es muy inferior a la meta del 80 %. Y solo el 52 % de los países cumplieron la meta relativa a los programas de promoción y prevención de la salud mental, porcentaje también muy inferior a la meta del 80 %. La única meta para 2020 que se cumplió fue la reducción de la tasa de suicidio en un 10 %, pero, incluso entonces, solo 35 países dijeron que tenían una estrategia, política o plan de prevención independiente[4].

---

[4] OMS, «Un informe de la OMS pone de relieve el déficit mundial de inversión en salud mental», Organización Mundial de la Salud, 8 de

53

Para distintos gobiernos en el mundo, la salud mental comienza a convertirse en el principal problema de salud pública.

2. La nueva cultura emocional

La cultura actual abrió de forma importante la expresión emocional que, hasta la década de 1980, solía ser más contenida. Hasta la generación X (1965-1981), la cultura general era de contención de las emociones. Ello cambió a partir de los *millennials*. El 80 % de los *millennials* considera que el rol del bienestar emocional es tan importante como el bienestar físico y mental.

El bienestar emocional para los *millennials* se basa en tres pilares fundamentales: la felicidad, el equilibrio entre lo físico y lo emocional, y sentirse a gusto no solo con uno mismo, sino con el entorno. Las siguientes generaciones, *centennials* (también conocida como «Generación Z» o «Gen Z», nacida entre 1996 y 2010) y *alfa* (personas nacidas a partir del año 2010), son similares en este aspecto. En las nuevas generaciones, las relaciones humanas son básicamente emocionales y dejan de lado el aspecto volitivo, como lo constata la anécdota que Stephen Covey relata en su obra clásica *Los 7 hábitos de la gente eficaz*:

En un seminario en el que yo hablaba sobre el concepto de proactividad, un hombre me dijo: «Stephen, me gusta lo que dice. Pero las situaciones difieren entre sí. Por ejem-

octubre de 2021, https://www.who.int/es/news/item/08-10-2021-who-report-highlights-global-shortfall-in-investment-in-mental-health.

54

plo, mi matrimonio. Estoy realmente preocupado. A mi esposa y a mí ya no nos unen los antiguos sentimientos. Supongo que ya no la amo, y que ella ya no me ama a mí. ¿Qué puedo hacer?».

—¿Ya no sienten nada uno por el otro? —pregunté.

—Así es. Y tenemos tres hijos, que realmente nos preocupan. ¿Usted qué sugiere?

—Ámela —le contesté.

—Pero le digo que ese sentimiento ya no existe entre nosotros.

—Ámela.

—No me entiende. El amor ha desaparecido.

—Entonces ámela. Si el sentimiento ha desaparecido, esa es una buena razón para amarla.

—Pero, ¿cómo amar cuando uno no ama?

—Amar, querido amigo, es un verbo. El amor —el sentimiento— es el fruto de amar, el verbo. De modo que ámela. Sírvala. Sacrifíquese por ella. Escúchela. Comparta sus sentimientos. Apréciela. Apóyela. ¿Está dispuesto a hacerlo?[5].

3. Crecimiento del hedonismo

Desde hace décadas, el hedonismo —actitud vital basada en la búsqueda del placer— se ha instalado en la cultura, en un grado tal que es difícil hoy percibirlo. Preguntar sobre hedonismo a las generaciones actuales es como si preguntáramos a un pez qué es el agua: no sabrán contestar, porque se trata de su hábitat, su cosmovisión, no tienen con qué compararlo.

---

[5] Stephen R. Covey, *Los 7 hábitos de la gente altamente efectiva* (Ciudad de México: Paidós, 1994), 91.

En el momento actual, la mayoría de las personas viven aceleradamente, con poco tiempo para socializar, incluso con su círculo cercano. En las grandes urbes, cada vez más personas viven solas, exaltando la vida individual sobre la convivencia. Una vida centrada en sí misma genera que las personas no tengan espacio de apertura hacia los demás y se conviertan en egoístas.

El egoísmo conduce directamente al hedonismo y viceversa. Quien solo se busca a sí mismo añora el placer a toda costa; y quien vive inclinado a lo placentero, suele estar centrado en sí mismo. Cuando el placer se fija como meta principal de la vida, se pierde el sentido del amor, que es lo opuesto al egoísmo.

4. Insatisfacción emocional

Un tema central del proceso de globalización que vivimos es el crecimiento de las expectativas de los consumidores. Diversos estudios muestran cómo el estilo de vida en distintos países y regiones del mundo comenzó a cambiar radicalmente, desde hace poco más de 30 años. El modelo cultural, los hábitos de consumo y alimentación, así como las expectativas de las personas se incrementaron de forma desproporcionada. La insatisfacción ha generado, en amplios sectores sociales, un ambiente de decepción que afecta profundamente el estado emocional. En una entrevista, el filósofo Gilles Lipovetsky lo explicaba de esta forma:

Conocemos las «culturas de la vergüenza» y las «culturas de la culpa». Pero con el hedonismo actual, aunado con cierto «espíritu de la época», hecho de ansiedad y violencia

56

en las relaciones sociales, se pone en marcha una auténtica maquinaria de la decepción. Los individuos se ven ante exigencias contradictorias atizadas e histerizadas por el hiperconsumo[6].

Lo anterior ha producido una percepción de insatisfacción permanente —en algunos casos crónica— que explica, entre otras cosas, los movimientos sociales que han emergido en distintos países del mundo, como la *primavera árabe* en Egipto, los *chalecos amarillos* en París o las revueltas en Chile. Inclusive en países desarrollados, estas manifestaciones han ocurrido de forma insospechada. El momento actual parecería resumirse en la frase de Carlo Dossi: «La mitad de la vida es deseo y la otra mitad insatisfacción». En su obra clásica *La modernidad líquida*, Zygmunt Bauman lo señala con claridad:

> Las recetas para lograr una buena vida y los accesorios necesarios para ese logro tienen «fecha de vencimiento», pero casi todos dejarán de ser utilizables antes de esa fecha, disminuidos, devaluados y despojados de sus atractivos por la competencia de ofertas «nuevas y mejores»[7].

Más adelante, en otro texto, el propio Bauman escribe refiriéndose a la cultura actual: «La caza exitosa de la liebre

---

[6] Gilles Lipovetsky, *La sociedad de la decepción: Entrevista con Bertrand Richard*, trad. Antonio-Prometeo Moya Valle (Barcelona: Anagrama, 2008), 06.

[7] Zygmunt Bauman, *Modernidad líquida*, trad. Jaime Arrambide Squirru y Mirta Rosenberg (Ciudad de México: Fondo de Cultura Económica, 2015), loc. 1581 a 1586 de 5256.

pone fin a la emoción y aumenta las expectativas: la única manera de aplacar la frustración consiste en planear e iniciar de inmediato la próxima cacería»[8].

5. Analfabetismo emocional

Los analfabetos emocionales son aquellos sujetos que no pueden comprender bien sus emociones y eso les trae aparejado un creciente malestar psicológico, con síntomas e inhibiciones que les dificultan el trato con los otros, y que también pueden manifestarse en problemas o enfermedades en el cuerpo. La falta de alfabetización emocional contribuye a la excesiva medicación en determinadas situaciones: según datos publicados, de 2004 a 2021, el consumo de hipnosedantes en la población, de 14 a 18 años, se duplicó pasando del 10 % al 19,6 %[9]. El consumo de estas sustancias también ha crecido en el resto de la población:

En la mayoría de los países se ha registrado un aumento del consumo de cannabis y el uso no médico de fármacos, como las benzodiazepinas, durante la pandemia. En el marco de una encuesta realizada a profesionales sanitarios en 77 países, en el 64% de los países se comunicó un au-

_____

[8] Zygmunt BAUMAN, *La cultura en el mundo de la modernidad líquida*, trad. Lilia Mosconi (Ciudad de México: Fondo de Cultura Económica, 2013), loc. 446 de 1778.

[9] Observatorio Español de las Drogas y las Adicciones, «Encuesta sobre uso de drogas en enseñanzas secundarias en España (ESTUDES), 1994-2021», Plan Nacional sobre Drogas. (Madrid: Ministerio de Sanidad, 2021), 67.

58

mento del uso no médico de los sedantes y un aumento del 42% del consumo de cannabis[10].

La falta de comprensión y manejo de las propias emociones nubla, además, otros aspectos de la memoria y la capacidad de tomar decisiones:

Al hacer planes o tomar decisiones, las personas que están de buen humor tienen una inclinación perceptiva que las lleva a ser más comunicativas y positivas en su forma de pensar. Esto se debe en parte a que la memoria depende de nuestro estado particular, de modo que cuando estamos de buen humor, recordamos acontecimientos más positivos; cuando pensamos en los pros y los contras de un rumbo a tomar, mientras nos sentimos bien, la memoria influye en nuestra evaluación de las evidencias en una dirección positiva, haciendo que resulte más probable que hagamos algo ligeramente arriesgado, por ejemplo.

Por la misma razón, estar de mal humor influye a la memoria a tomar una dirección negativa, haciendo que resulte más probable que adoptemos una decisión temerosa y excesivamente cautelosa. Las emociones descontroladas obstaculizan el intelecto. Pero podemos volver a encarrilarlas; esta competencia emocional es la aptitud maestra que facilita cualquier otra clase de inteligencia[11].

El analfabetismo emocional puede reflejarse también en la atrofia afectiva, que consiste en la ausencia de emociones, por causas diversas, desde una educación represiva de

[10] UNODC, «Informe Mundial sobre las Drogas», 06.

[11] Daniel GOLEMAN, *La inteligencia emocional* (Ciudad de México: Vergara, 1995), 111-12.

59

los sentimientos, hasta la frustración por los fracasos en la vida emocional, con el consiguiente empobrecimiento de la personalidad:

Podemos ver con facilidad el lamentable proceso de neutralización y mutilación de la personalidad que conlleva la atrofia afectiva. En efecto, no se puede decir que viven realmente quienes no pueden amar ni experimentar una alegría real, no tienen lágrimas para las cosas que requieren lágrimas y no saben qué auténtico resulta anhelar; hasta el punto de que, incluso su conocimiento, carece de profundidad y de contacto real con el objeto. Son incapaces de contemplar y están separados de la vida real y de todos los misterios del cosmos[12].

B. Características generales
de la madurez emocional

En la estructura de la persona, los sentimientos o las emociones ocupan un lugar fundamental, aunque subordinado a la inteligencia y a la voluntad, porque corresponde prioritariamente a estas dos facultades racionales señalar el rumbo de las acciones y decidir su puesta en práctica, respectivamente. Pero esto no significa que la afectividad deba quedar relegada a otro plano, porque en los mismos actos de la inteligencia y de la voluntad, de ordinario se encuentra presente y su influencia es muy fuerte. Ciertamente si los sentimientos predominaran en la conducta,

---

[12] Dietrich Von Hildebrand, *El corazón: Un análisis de la afectividad humana y divina,* trad. Juan Manuel Burgos (Madrid: Ediciones Palabra, 1996), 114-15.

se incurriría en un sentimentalismo que supondría desorden, porque el sentimiento sin la inteligencia es ciego y sin la voluntad se puede desbordar. La solución estará en formar las emociones para que proporcionen a la conducta humana los grandes beneficios que les corresponden.

Los sentimientos son impulsos o fuerzas que producen movimientos en el nivel de la sensibilidad. Por ejemplo, la ira suele inclinar a actuar sobre aquello que la provoca, o el miedo puede paralizar ante la presencia de una amenaza. Lo que causa esas reacciones suele ser un objeto o estímulo en cuanto percibido o imaginado, por lo que no necesariamente se tratará de algo real en todos los casos o, con mayor frecuencia, aunque tenga realidad, puede estar alterado de alguna manera. Una cuerda en el camino, que se percibe como si fuera una víbora, producirá temor; o un pequeño fracaso que se interpreta como algo grave, podrá entristecer o deprimir a quien así lo conciba.

De ahí la importancia de las percepciones, por su influencia en las emociones, para bien o para mal. Mientras mayor objetividad posea una percepción, el sentimiento que despierte será también más objetivo y responderá más a la realidad. Por otra parte, si bien no tenemos un dominio directo de nuestras emociones —un estado de tristeza no cambia por un decreto de la voluntad—, sí podemos actuar sobre nuestras percepciones para modificar, a través de ellas, nuestros sentimientos.

La alegría o la tristeza no se pueden engendrar libremente del modo que engendramos un acto de voluntad o una promesa, y tampoco se pueden gobernar como gobernamos los movimientos de nuestros brazos. Podemos influir en la

61

alegría o en la tristeza solo de modo indirecto, preparándoles el terreno en nuestra alma, o aprobando o desaprobando las respuestas afectivas que han surgido espontáneamente en nuestra alma[13].

Las emociones tienen una gran repercusión en la conducta, porque la persona es una unidad; influyen en la inteligencia y en la voluntad, favoreciéndolas u obstaculizándolas. El entusiasmo por un proyecto mueve a la inteligencia a pensar en él con mayor concentración, e impulsa a la voluntad para llevarlo a cabo. El miedo puede impedir que la inteligencia visualice los aspectos positivos de una situación, concentrándose solo en los riesgos; y podría también paralizar a la voluntad.

Cuando la razón y la voluntad se orientan al bien objetivo, y la afectividad está bien formada, se experimenta emocionalmente gusto por lo bueno y disgusto por lo malo, lo cual favorece considerablemente la rectitud de la conducta. Por eso, «En la persona madura que ha logrado la armonía entre cabeza y corazón, la afectividad es "el mejor aliado" de la razón y de la voluntad, pues empuja en la misma dirección que ellas»[14]. La fuente principal para formar de esta manera la afectividad, radica en las virtudes, que no solamente inclinan a la parte racional hacia el bien, sino que producen también la misma inclinación en la parte emocional[15]. De ahí la importancia de adquirir y desarrollar los hábitos buenos.

---

[13] HILDEBRAND, 103-4.

[14] SARRÁIS OTERO, *Madurez psicológica*, 24.

[15] *«Las pasiones*, por tanto, *no deben considerarse como un enemigo que se debe combatir o eliminar, sino como una parte del propio ser, que debe*

62

Con estos presupuestos se señalan a continuación las características de una afectividad madura, que contrasta y supera los problemas actuales referidos.

B. Rasgos de madurez emocional

1. La *estabilidad emocional* es un rasgo claro de madurez afectiva, que consiste en un razonable equilibrio en el comportamiento, donde las alteraciones del ánimo están justificadas por las circunstancias externas e internas. Es normal que la pérdida de un ser querido provoque tristeza o que la culminación de un proyecto genere alegría. En cambio, quien se deprime porque el día está nublado o se pone eufórico sin motivo que lo justifique, manifiesta inmadurez emocional.

2. El *autodominio*, como capacidad de controlar y encauzar las emociones, es otra señal de madurez, mientras que

Las personas inmaduras, por el predominio de la afectividad sobre la voluntad, y por la baja tolerancia que tienen a la frustración, se enfadan muy intensamente, con mucha frecuencia, durante mucho tiempo y lo manifiestan habitualmente en forma de conductas violentas[16].

integrarse y regularse según las exigencias del bien personal. En el actuar humano, las emociones poseen una inmensa energía, que debe ser correctamente finalizada según la recta razón, asumiéndola en las diversas virtudes de modo que sirvan para realizar el bien». Enrique Colom Costa y Ángel Rodríguez Luño, *Elegidos en Cristo para ser santos: Curso de teología moral fundamental* (Madrid: Palabra, 2000), 203.

[16] Sarráis Otero, *Madurez psicológica*, 106.

No se trata, evidentemente, de reprimir o anular los sentimientos, lo cual significaría un empobrecimiento para la persona, sino de encauzarlos para evitar que se desborden o se queden cortos por falta de reacción. Aunque los crecientes problemas de ansiedad y depresión mencionados, pueden tener causas orgánicas internas, en muchos otros casos se podrían resolver si la persona fuera emocionalmente más estable y poseyera un mayor dominio de sus sentimientos.

3. El *conocimiento* de las propias emociones —poder identificarlas y ponerles nombre— es el primer paso para influir sobre ellas positivamente. Si alguien siente vergüenza ante una determinada situación, pero no comprende lo que está experimentando, difícilmente podrá superarla. Del mismo modo, entender las emociones permite resolver el problema del *analfabetismo emocional*, que hemos señalado. También el conocimiento de los sentimientos de los demás, tan importante para las relaciones humanas y tan relacionado con la empatía, refleja madurez en la afectividad, porque permite colocarse en el lugar de la otra persona y entenderla desde ella misma.

4. Otro rasgo muy significativo, por el que se puede afirmar que alguien es maduro emocionalmente, consiste en que la *relación* entre el estímulo —el objeto percibido o imaginado— y la reacción —emoción o sentimiento— guarde la debida *proporción*, tanto cualitativa como intensivamente. Si alguien siente compasión por quien se encuentra gravemente enfermo, estará reaccionando cualitativamente bien, mientras que, si experimentara alegría o indiferencia, no estaría en sintonía con el objeto. En cuanto a la intensidad, quien sintiera una fuerte

64

reacción de ira por una injusticia grave contra un inocente, o pasara por alto un pequeño desaire sin darle mayor importancia, su reacción sería correcta porque guardaría proporción con el estímulo, mientras que, si se quedara indiferente ante la injusticia o explotara por el pequeño desaire, estaría manifestando inmadurez emocional.

5. El amor *efectivo*, que brota principalmente de la voluntad, radica en querer el bien para la persona amada y disponer los medios para que lo consiga. Por ejemplo, una madre que ayuda a su hijo a ser constante, lo impulsa y le exige que haga sus deberes todos los días hasta que logra conquistar el hábito, le está proporcionando un gran bien. El *amor afectivo*, en cambio —que constituye el principal sentimiento por su gran repercusión en el propio sujeto y en los demás—, consiste en el cariño, la ternura, el afecto que se siente por otra persona. Cuando este amor es maduro, se orienta hacia fuera de uno mismo —esto es, hacia los demás— de manera que es lo opuesto al egoísmo, que busca el propio placer también en las relaciones humanas.

6. Las emociones suelen ir unidas a los actos de la razón y de la voluntad, en unas ocasiones son anteriores —sentir miedo ante una determinada situación antes de considerarla racionalmente— y en otras son posteriores —después de tomar la decisión de ayudar a una persona, se experimenta alegría—. Cuando la afectividad ha madurado, principalmente por la educación y las virtudes, suele hacer a la inteligencia más clarividente[17], a la vez

---

[17] «En la tendencia del hombre integral hacia el bien, el impulso puede incluso brotar del aspecto sensitivo: *las pasiones no solo pueden*

65

que experimenta *gusto* por lo objetivamente bueno y *disgusto* por lo malo. Cuando esto ocurre, la inteligencia y la voluntad acaban recibiendo un apoyo de gran importancia para sus actuaciones, porque la emoción les abre y les facilita el camino. Viene a ser como una luz que potencia al entendimiento y proporciona fuerza a la voluntad. Una persona generosa se sentirá inclinada a prestar un servicio, antes de razonarlo, y lo hará con gusto, lo cual facilitará el acto voluntario; lo mismo quien es honrado, experimentará emocionalmente rechazo ante la posibilidad de cometer un robo, lo cual le ayudará a decidir actuar con honradez. Cuando esto ocurre, el problema de la insatisfacción emocional que se ha mencionado, suele quedar resuelto.

7. Otra manifestación de madurez emocional es la capacidad de *motivarse a sí mismo* para los proyectos y las tareas que corresponde llevar a cabo, de manera que se realicen con intensidad por el impulso que las emociones proporcionan. La clave está en saberse interesar en lo que corresponde hacer. Es muy distinto emprender una misión con el solo apoyo de la inteligencia y de la voluntad, por mero cumplimiento del deber o porque no queda más remedio, que entusiasmarse ante su realización. Esta capacidad de motivarse a sí mismo guarda estrecha

---

cegar la inteligencia, pueden también hacerla más clarividente con el fin de mostrar el camino mejor para agradar al amado. La vida cristiana no debe ser solo intelectiva y voluntarista, ha de tener también en cuenta los sentimientos humanos, de otro modo no estaría suficientemente enraizada en la persona y podría fácilmente resquebrajarse (lo que no significa, ciertamente, una conducta "meramente sentimental")» COLOM COSTA y RODRÍGUEZ LUÑO, *Elegidos en Cristo para ser santos*, 208.

66

relación con el *optimismo*, porque supone descubrir los aspectos positivos del proyecto y fijar en ellos la atención.

8. Tarde o temprano, el dolor y el sufrimiento aparecen en la vida de cualquier persona. Aquí, la madurez emocional consistirá en *aceptar el sufrimiento* de manera positiva, descubriendo su sentido y encauzándolo convenientemente. Lo contrario: intentar rechazarlo, evadirlo, rebelarse ante él o, en el mejor de los casos, resignarse porque no queda más remedio, es muestra de inmadurez. El miedo a sufrir es un obstáculo para la aceptación, y cuando el dolor no se acepta, pesa más; mientras que la aceptación permite crecer humana y espiritualmente de manera considerable.

Aunque lo ideal es que la emoción esté en plena sintonía con el querer de la voluntad, pueden presentarse situaciones extremas en que lo normal será actuar con la voluntad y en contra del sentimiento, porque lo contrario resultaría antinatural. Von Hildebrand pone un ejemplo muy claro:

Abraham, al escuchar que Dios le mandaba sacrificar a su hijo Isaac, tuvo que responder «sí» con su voluntad. Pero su corazón tenía que sangrar y responder con la tristeza más grande. Su obediencia al precepto no habría sido más perfecta si su corazón hubiera reaccionado con alegría. Al contrario, se hubiera tratado de una actitud monstruosa. Según la voluntad de Dios, el sacrificio de su hijo requería una respuesta del corazón de Abraham: la del dolor más profundo. Pero a pesar de la profunda reluctancia de su corazón, Abraham estaba obligado a aceptar esta terrible cruz y a conformar su voluntad al precepto de Dios[18].

_____

[18] HILDEBRAND, *El corazón*, 203.

67

9. Una señal clara de salud mental y también de madurez afectiva es mirar el pasado sin dolor emocional, por *ausencia de resentimientos[19]*. La persona resentida carga con un peso interior que afecta considerablemente sus emociones. Por ejemplo, le dificulta experimentar paz interior, confianza en los demás, agradecimiento. Una característica de madurez en este mismo sentido es la *ausencia de susceptibilidad*, mientras que la persona inmadura se siente afectada u ofendida por cosas de poca importancia. Muchas veces los resentimientos responden al analfabetismo emocional, al que se ha hecho alusión, porque no se reconoce el veneno que se lleva dentro.

10. Finalmente, la madurez emocional conduce a *disfrutar* las cosas buenas que la vida nos ofrece —actitud contraria a la insatisfacción emocional—, con una permanente disposición de agradecimiento. Y esto incluye también saber disfrutar la lucha, el esfuerzo, no solo por los resultados que nos suele proporcionar, sino por sí mismo, por la mejora que produce en nuestra vida en todos los órdenes, incluido el espiritual, porque nos acerca a Dios.

---

[19] Cfr. Francisco UGARTE CORCUERA, *Del resentimiento al perdón* (Madrid: Rialp, 2012).

68

MADUREZ EMOCIONAL

Cuando la razón y la voluntad se orientan al bien objetivo, y la afectividad está bien formada, se experimenta emocionalmente gusto por lo bueno y disgusto por lo malo, lo cual favorece considerablemente la rectitud de la conducta.

● PROBLEMAS ACTUALES

1. Ansiedad y depresión: problemas de salud pública
2. La nueva cultura emocional
3. Crecimiento del hedonismo
4. Insatisfacción emocional
5. Analfabetismo emocional

● RASGOS DE MADUREZ EMOCIONAL

1. Estabilidad emocional
2. Autodominio
3. Conocimiento de las propias emociones
4. Proporción entre el estímulo y la reacción
5. Amor afectivo
6. Sentir gusto por lo bueno y disgusto por lo malo
7. Capacidad de motivarse a sí mismo
8. Aceptar el sufrimiento
9. Ausencia de resentimientos
10. Disfrutar las cosas buenas

69

4.
MADUREZ FÍSICA

A. Problemas actuales

El rol y la finalidad del cuerpo humano parecen confusos, hoy en día. Al paso de las últimas décadas, tres enfoques contrapuestos predominan de forma simultánea: *la búsqueda del confort, el descuido inconsciente* y su *centralidad.*

El enfoque derivado de la *búsqueda del confort* es fruto de la visión postindustrial del progreso. Si bien la visión de progreso trajo mejoras del estilo de vida, también generó una forma de ser en que la comodidad y las sensaciones se volvieron fines en sí mismas. «Darle al cuerpo lo que pida» se convirtió en centro de la cultura contemporánea.

Por otro lado, el enfoque derivado del *descuido inconsciente* es consecuencia del estilo de vida actual: estresado por el número de horas de trabajo, falta de descanso y mala alimentación, entre otros. Su impacto en la salud facilita el aumento de enfermedades como obesidad, diabetes, cáncer y cardiacas, entre otras.

Finalmente, el enfoque en la *centralidad* del cuerpo lo prioriza por encima de cualquier asunto de carácter espiritual o intelectual. Ello deviene en una cultura materialista.

De ahí que el entorno actual impulse la falta de claridad sobre la naturaleza y el propósito del cuerpo, resultando en la tensión entre esos tres enfoques, de los que ninguno parece tener respuesta plena. Se señalan a continuación algunas manifestaciones de esa manera confusa de concebir y tratar el cuerpo humano.

1. Edadismo

Un fenómeno extendido a lo largo del tiempo en distintas sociedades ha sido la falta de aceptación de la edad cronológica: los jóvenes quieren ser mayores, suponiendo que con ello acceden a bienes reservados a los adultos; y los de mayor edad desean ser jóvenes, con la nostalgia de las potencialidades de esa etapa de la vida.

El ambiente cultural —derivado de la sociedad postindustrial— ha centralizado el fenómeno del *edadismo*: la idea de que lo valioso es la juventud, y que, en la medida en que se envejece, se pierde el valor mismo de la persona[1]. Envejecer es una pérdida, porque en el centro de la

---

[1] La Organización Mundial de la Salud (OMS) define el edadismo como «[…] los estereotipos, los prejuicios y la discriminación contra las personas debido a su edad» OPS, «Informe mundial sobre el edadismo» (Washington D.C.: Organización Panamericana de la Salud, 2021), https://doi.org/10.37774/9789275324455.

72

escala de valores generalmente aceptados, están la belleza y la salud y, en cambio, se dejan de lado la experiencia y los valores asociados con los logros en la vida.

El culto a la juventud divide a la sociedad, en un momento en que nos aproximamos al denominado «invierno demográfico». Las personas se niegan a envejecer en un mundo en el que el porcentaje de adultos mayores crece continuamente a causa de dos factores globales: la *caída de la tasa de natalidad*, por un lado, y el *incremento en la esperanza de vida* por el otro[2]. Cada vez existe más gente mayor con posibilidad de aportar en distintos proyectos, que se avergüenza de su edad.

El fenómeno del edadismo afecta a las personas de distintas maneras. Destacan tres que se han extendido en los últimos años: el que *no quiere llegar a viejo*, el que *quiere mantenerse joven* y quien asume el denominado *síndrome de Peter Pan*.

Quienes no quieren llegar a viejo son las personas que viven con miedo el paso de los años, que retrasan las decisiones de la vida, rompiendo el ritmo natural y la cadencia del tiempo que les toca vivir: el momento de independizarse,

---

[2] En México, la esperanza de vida ha aumentado considerablemente; en 1930, las personas vivían en promedio 34 años; 40 años después, en 1970, este indicador se ubicó en 61; en 2000, fue de 74 y en 2019, de 75 años. Las mujeres viven en promedio más años que los hombres; en 1930, la esperanza de vida era de 35 años; en 2010, de 77 y en 2019, se ubicó en 78 años INEGI, «Esperanza de vida al nacimiento por entidad federativa según sexo, serie anual de 2010 a 2024», INEGI, 2023, https://www.inegi.org.mx/app/tabulados/interactivos/?pxq=Mortalidad_Mortalidad_09_61312f04-e039-4659-8095-0ce2cd284415.

73

casarse, tener hijos, etcétera. Suelen vivir con ansiedad, esto es, con miedo y sufrimiento por el futuro.

Quien quiere mantenerse joven es una persona que suele no aceptar su edad. En México se ha acuñado el término de «chavorruco» que es la combinación del hombre maduro que quiere seguir existiendo en el mundo juvenil.

Finalmente, la forma más aguda de reacción por edadismo es el denominado *síndrome de Peter Pan*, propio de quien se resiste a tener las cargas y responsabilidades de un adulto. A las personas que llegan a desarrollar este síndrome no les interesa alcanzar la independencia[3].

2. *Fast food y alimentos procesados*

El estilo de vida actual modificó la forma de alimentación en términos de lugar, tiempo y contenido[4]. En Occidente,

---

[3] El «síndrome de Peter Pan» fue descrito por el psicólogo, Dan Kiley en 1983. Kiley observó que algunos de sus pacientes se negaban a aceptar las responsabilidades de la edad adulta y, al parecer, su estado psíquico y comportamiento se estancaban en la adolescencia: no alcanzaban la madurez psicológica y no eran capaces de desenvolverse en la vida sin la ayuda o el apoyo emocional de otras personas. Cfr. Dan Kiley, *El síndrome de Peter Pan: los hombres que nunca crecieron*, trad. R. Alcorta (Buenos Aires: Javier Vergara, 1985).

[4] «*La alimentación* va más allá del simple acto de satisfacer una necesidad fisiológica, pues alcanza una fuerte dimensión "simbólica" que *determina* en cierta medida los *hábitos y las costumbres transmitidas de una generación a otra,* en donde no solo se indica qué comer, sino cuándo y cómo. Aunada a esta experiencia de aprendizaje o endoculturación, en una sociedad industrial como la actual, caracterizada por un constante cambio e innovación de productos, *el acceso y la difusión de la información logran inculcar nuevos hábitos de consumo».*

74

la alimentación fue, durante muchos años, el motivo de convivencia más importante. En torno a ella se realizaba el hogar, la convivencia con amigos y comunidad. El lugar común de la comida era la propia casa. Ahora, los horarios de trabajo, la distancia y el hecho de que cada vez más mujeres trabajan, obliga a que las personas coman fuera de su casa, muchas veces en soledad. La comida cambió de ser un epicentro social a convertirse en la simple gestión de una necesidad. Igualmente, cada vez se cuenta con menos tiempo para comer, de allí el concepto de *fast food*.

En cuanto al contenido, la falta de tiempo para cocinar impulsa el consumo de alimentos denominados *chatarra* o *procesados* con diversos procesos de manipulación, desde los que contienen un solo ingrediente, hasta los *ultraprocesados* que sufren diversos tratamientos y contienen todo tipo de conservantes, potenciadores del sabor, edulcorantes, etcétera. Su consumo se extendió ampliamente, de manera que se convirtieron en un porcentaje esencial de la dieta en muchos países del mundo[5].

Según la encuesta *Hábitos alimenticios en México*, de la empresa en investigación de mercados *Mercawise*, de un total de 504 entrevistados (303 mujeres y 201

Procuraduría Federal del Consumidor, «Alimentos Chatarra», gob.mx, 3 de junio de 2018, http://www.gob.mx/profeco/documentos/alimentos-chatarra?state=published.

[5] «[...] Entre el 2009 y el 2014, las ventas de alimentos y bebidas ultraprocesados crecieron con diferentes tasas y se prevé que sigan haciéndolo [...]». Organización Panamericana de la Salud, «Alimentos y bebidas ultraprocesados en América Latina: ventas, fuentes, perfiles de nutrientes e implicaciones», Publicaciones Generales (Washington D.C.: OPS, 2019), https://doi.org/10.37774/9789275320327.

hombres), *más del 50 % de ellos acostumbran comer alimentos chatarra varias veces por semana*[6].

El consumo de comida chatarra es adictivo y genera problemas en la salud[7]. De acuerdo con la Organización Panamericana de la Salud, el *abuso de alimentos chatarra es uno de los principales factores causantes de sobrepeso y obesidad,* por su alto contenido de grasas, sodio y azúcares. Igualmente, es causante de *enfermedades no transmisibles,* crónicas o de larga duración, como la diabetes y las cardiopatías.

3. Hipocondría y cirugías estéticas

Hoy, el cuidado de la salud y del cuerpo se halla frecuentemente entre extremos: del descuido al exceso; de una vida sedentaria, a un estilo de actividad en que el centro de interés es la obsesión por la salud, el desarrollo y la estética del cuerpo.

En los últimos años, la preocupación por la salud se ha extendido de forma importante, llegando en algunos casos a la denominada hipocondría o *trastorno de ansiedad por enfermedad*[8]. Este trastorno se caracteriza por el miedo a la

---

[6] Cfr. «Hábitos alimenticios en México», *Mercawise* (blog), 14 de septiembre de 2016, https://www.mercawise.com/blog/estudios-de-mercado/habitos-alimenticios-en-mexico/.

[7] De acuerdo con un estudio realizado por el Instituto de Investigación de Florida, *ingerir cotidianamente comida rica en calorías y grasas genera una adicción* similar a la que causan la cocaína y heroína. Cfr. Martha Duhne, «La comida chatarra es adictiva», *¿Cómo ves? Revista de Divulgación de la Ciencia de la UNAM,* 2010.

[8] En 2013, la Asociación Estadounidense de Psiquiatría adoptó formalmente el término *trastorno de ansiedad por enfermedad* para

76

incertidumbre y obsesión por los síntomas. Quienes lo sufren pasan horas, todos los días, investigando posibles enfermedades. ¿El resultado? Muchas más consultas médicas y visitas a hospitales. De forma paradójica, la hipocondría es causa de enfermedades. En un estudio a siete mil participantes en Noruega, se encontró que la hipocondría aumentaba el riesgo de enfermedad coronaria en un 70 %[9].

Por otra parte, la preocupación por una mejor estética se incrementó considerablemente en los últimos años[10]. La estética se ha convertido en factor de autoestima y aceptación social para muchas personas. El avance médico de las últimas décadas posibilita la existencia de cirugías plásticas capaces de modificar partes del cuerpo a

---

describir a las personas con preocupaciones desproporcionadas y debilitantes sobre su salud. En términos simples, el mayor impulso de ansiedad por enfermedad es la intolerancia a la incertidumbre. Cfr. «Trastorno de ansiedad - Síntomas y causas», Mayo Clinic, noviembre de 2018, https://www.mayoclinic.org/es/diseases-conditions/illness-anxiety-disorder/symptoms-causes/syc-20373782.

[9] Cfr. Helen TYRER, *Tackling Health Anxiety* (Cambridge: Cambridge University Press, 2013).

[10] «[…] La Cirugía Plástica se ha dividido desde un punto de vista práctico en dos campos de acción: 1) *Cirugía reconstructiva o reparadora*, que incluye a la microcirugía, enfocada a disimular y reconstruir los efectos destructivos de un accidente o trauma. […] La idea es restaurar una estructura o una función perdida. 2) *Cirugía Estética o Cosmética*, término este último de poca aceptación en los colectivos profesionales; prefiriéndose el primero de ellos, es realizada con la finalidad de cambiar aquellas partes del cuerpo que no son satisfactorias para el paciente […]» Jaime ARRIAGADA S. y Armando ORTIZ P., «Algunas reflexiones éticas sobre la cirugía plástica», *Revista Médica Clínica Las Condes* 21, n.º 1 (enero de 2010): 135-138., https://doi.org/10.1016/S0716-8640(10)70516-2..

través de procesos cada vez más baratos, menos invasivos y con mínimo riesgo, lo cual explica su incremento. Actualmente, más de veinticinco millones de personas en el mundo se someten cada año a una cirugía o tratamiento estético. La consultora *Fortune Business Insights* señala que el tamaño mundial del mercado de la cirugía estética fue de 50 670 millones de dólares en 2018 y se prevé que alcance los 66 960 millones de dólares en 2026[11].

4. Fisioculturismo, fitness y wellness

La emergencia de grandes urbes en el mundo derivó en un modo de vida sedentario para el que el hombre no estaba acostumbrado. Se comenzó a caminar menos, a reducir las actividades físicas, y con ello, a través de los años, a descuidar el equilibrio que supone un sano ejercicio. La reacción a lo anterior son las corrientes que, al paso de los últimos años, impulsan el ejercicio físico.

Después de la Segunda Guerra Mundial, el ejercicio comenzó a promoverse predominantemente como una manera de *estar en forma*, más que como un mecanismo en búsqueda de la *salud*, como bien apunta la diferencia Zygmunt Bauman:

> Los dos términos —«salud» y «estar en forma»— suelen ser usados como sinónimos; después de todo, ambos aluden al cuidado del cuerpo, al estado que uno desea lograr

---

[11] Cfr. Market Research Report, «Cosmetic Surgery Market Size, Share & COVID-19 Impact Analysis», Fortune Business Insights, julio de 2023, https://www.fortunebusinessinsights.com/cosmetic-surgery-market-102628.

78

para su propio cuerpo por el hecho, bien conocido, de que no todos los regímenes para estar en forma «son buenos para la salud» y de que lo que nos ayuda a estar sanos no necesariamente nos hace estar en forma. La salud y el estar en forma pertenecen a dos discursos muy distintos y aluden a dos preocupaciones muy diferentes[12].

Durante las últimas décadas, sin embargo, lo predominante ha sido buscar una vida sana. Así es como se ha evolucionado desde la visión de estar en forma —exageradamente representada en el *fisioculturismo*, que tuvo su época de oro de 1940 a 1970—, a una visión de salud expresada por el *fitness*, hasta una visión más integral de desarrollo humano, manifestada en el *wellness*.

El *fisioculturismo* es la actividad de entrenamiento con pesas, con la finalidad de generar hipertrofia muscular, practicada principalmente por las generaciones de los *Baby Boomers* y la generación X[13]. Por *fitness* se entiende el estado de salud física y bienestar conseguido al llevar una vida sana, apoyada en el ejercicio continuado en el tiempo y en una "dieta saludable, principalmente practicado por la generación *millennial*"[14]. El *wellness* se entiende como la forma de integrar el desarrollo de las esferas de lo físico, mental y lo considerado espiritual (ordinariamente sin una visión trascendente), cada vez más practicado por

_____

[12] BAUMAN, *Modernidad líquida*, loc. 75 de 227.

[13] Cfr. Frederick C. HATFIELD, *Power: A Scientific Approach* (Chicago: McGraw-Hill, 1989).

[14] Cfr. Michael MATTHEWS y James KRIEGER, *Fitness Science Explained: A Practical Guide to Using Science to Optimize Your Health, Fitness, and Lifestyle* (Oculus Publishers, 2020).

las diversas generaciones[15]. La industria del *wellness* factura en torno a 4,4 trillones de dólares a nivel mundial[16].

Estos fenómenos suelen tener, frecuentemente, un efecto de excesiva atención, no solo al cuerpo, sino al propio *yo*, que propicia una marcada inclinación al egocentrismo, uno de los factores determinantes del individualismo que predomina en la actualidad.

Descuido del sueño

La forma de vida actual —sujeta a permanentes estímulos: ritmo acelerado, ruido, empleo de pantallas y distintos modos de captar nuestra atención— ha tenido consecuencias sobre el sueño y descanso. Las cifras a nivel global son llamativas: de acuerdo con la *Encuesta global del sueño*, realizada por Philips en 2019, ocho de cada diez adultos quieren mejorar su sueño, pero el 60 % no ha buscado la ayuda de un profesional médico[17]. Con estas cifras podríamos señalar que el mundo atraviesa una crisis de sueño, silenciosa pero profunda.

El sueño se involucra en una gran cantidad de procesos fisiológicos: la consolidación de la memoria, la

---

[15] Cfr. Fariha Róisín, *Who is Wellness for? An Examination of Wellness Culture and Who it Leaves Behind*, First edition (New York, NY: Harper Wave, 2022).

[16] «Wellness Economy Statistics & Facts», Global Wellness Institute, 2022, https://globalwellnessinstitute.org/press-room/statistics-and-facts/.

[17] «Philips Global Sleep Survey Shows We Want Better Sleep, but Only If It Comes Easily», Philips, 2019, https://www.philips.com/a-w/about/news/archive/standard/news/press/2019/20190307-philips-global-sleep-survey-shows-we-want-better-sleep-but-only-if-it-comes-easily.html.

regulación hormonal, el control de la respuesta inmune e inflamatoria y el estado emocional, entre otros. La mala calidad del sueño se liga a muchos problemas de salud propios del momento actual, como depresión, obesidad, diabetes, hipertensión y Alzheimer[18].

Comienza a cobrar relevancia el concepto de *higiene del sueño*, que supone el cuidado previo, como el no emplear pantallas un tiempo antes de dormir, cuidar que el espacio donde dormimos tenga condiciones adecuadas, procurar cumplir con cinco ciclos de sueño de noventa minutos tratándose de población adulta, etcétera[19].

B. Características generales de la madurez física

Es indudable que el cuerpo humano juega un papel importante en el desarrollo integral de la persona, tanto porque forma parte esencial de ella, como por su repercusión en otros ámbitos de la madurez, como el intelectual, volitivo y afectivo. Un buen estado del cuerpo constituye parte de la perfección del hombre y de la mujer; y cuando el cuerpo está sano, el pensamiento suele tener mayor claridad, la voluntad se encuentra reforzada y las emociones en mayor equilibrio. De aquí que la madurez física requiera cuidar razonablemente el cuerpo para que se encuentre en las mejores condiciones posibles en cada etapa de la vida.

---

[18] Cfr. Nick Littlehales, *Dormir: El mito de las 8 horas, el poder de la siesta... y un nuevo plan para revitalizar cuerpo y mente*, trad. Gema Moraleda (Barcelona: Planeta, 2017).

[19] Cfr. F. J. Andrés González, *Higiene del sueño: Hábitos para ayudarle a dormir* (Ciudad de México: Publicación Independiente, 2019).

81

El cuerpo forma una unidad con el conjunto de elementos que constituyen a la persona, lo cual es importante tener en cuenta para evitar una visión parcial del ser humano, que consistiría en centrarse en el cuerpo y olvidar el espíritu, o en concebir el espíritu con independencia del cuerpo. Esta unidad es clara en actividades como el deporte. El filósofo Rafael Alvira lo expresa de manera sugerente:

> El deporte nos da perfección. El buen deportista es el que está *en forma*, expresión profundamente filosófica: desde hace 2300 años, *forma* en filosofía significa *perfección*. Perfecto significa lo mejor y más completo, aquello a lo que no le falta nada.
>
> Como ahora es ya bien sabido, el mejor deportista no es el que tiene solo la forma física, sino el que psicológica y anímicamente la posee también. Si falla esto, de poco vale lo otro. Y, viceversa, el que está bien anímicamente pero mal físicamente, acaba con muchas dificultades o incluso viniéndose abajo. Dicho en otros términos: la perfección corporal se requiere para la perfección total del hombre. En la riqueza de la unidad humana, las virtudes necesitan y piden la colaboración del cuerpo y, por eso también, hay que entrenar al cuerpo por y para la virtud, del mismo modo que hay que usar la virtud también para mejorar el cuerpo[20].

La idea del *wellness* o bienestar integral, supone una aportación valiosa en cuanto a la intención de integrar lo físico, mental y espiritual, propios de la persona humana, de manera que se evite el reduccionismo en cualquiera de sus

---

[20] Rafael ALVIRA DOMÍNGUEZ, *Filosofía de la vida cotidiana*, Colección Vértice (Madrid: Ediciones Rialp, 1999), 51.

82

formas. Sin embargo, el punto débil de ese planteamiento suele radicar en que, en la mayoría de los casos, el concepto espiritual carece de trascendencia, es puramente humano, sin referencia a un Dios personal. En cambio, desde una perspectiva cristiana, cabría un *wellness* entendido no solo como bienestar, sino como felicidad auténtica, que incluiría necesariamente la dimensión trascendente de la persona, además de lo físico y lo mental.

Para la madurez física, en conclusión, es importante evitar que el cuidado del cuerpo se convierta en una obsesión, en algo tan frecuente hoy como es el culto al cuerpo, porque esto supondría un desequilibrio. En otras palabras, lo conveniente será proporcionar al cuerpo una atención razonable que evite cualquiera de los dos extremos: el descuido y el exceso de dedicación a su cuidado.

C. Rasgos de madurez física

Con estas bases, se recogen a continuación algunos rasgos de lo que llamamos madurez física o corpórea, y que responden a los problemas actuales, señalados anteriormente.

1. Un primer rasgo de madurez en este ámbito consiste en ser objetivo para conocer y aceptar las condiciones personales —capacidades y limitaciones— *en cada etapa de la vida*. El papa Francisco advierte que «La juventud es hermosa, pero la eterna juventud es una alucinación muy peligrosa»[21]. Cuando falta este realismo para aceptar

_____

[21] «Audiencia General: Catequesis sobre la vejez» (Aula Pablo VI: La Santa Sede, 23 de febrero de 2022), https://www.vatican.va/content/francesco/es/audiences/2022/documents/20220223-udienza-generale.html.

el paso del tiempo y la disminución natural de las propias facultades, es fácil incurrir en el error de proponerse, por ejemplo, ejercicios y esfuerzos que rebasan la capacidad física y que terminan provocando lesiones o agotamiento. Lo mismo ocurre con quien carece de un plan o programa que contemple los medios oportunos y el tiempo requerido para mantenerse en buenas condiciones o, si lo tiene, lo abandona con facilidad. La madurez, por tanto, consistirá en asentar esos medios con realismo para mantener el cuerpo en forma, aceptando a su vez las limitaciones propias de la edad.

También será señal de madurez, para quienes se encuentran en una edad más avanzada, no dejarse influir por el *edadismo* —al que se ha hecho referencia—, sino por el contrario, descubrir el valor de esta etapa de la vida, en la que muchas veces la productividad y los niveles de felicidad aumentan en los adultos mayores. De acuerdo con diferentes estudios, las personas siguen la curva de la felicidad en forma de *U*. Se empieza bastante arriba en la infancia, se toca fondo en la mediana edad y luego se recupera. En distintos países, los niveles de felicidad y satisfacción más altos son de quienes tienen más de 55 años[22]. Por tanto, existe fundamento para afrontar, con visión positiva, esta etapa de la vida, y hoy en día aparecen muchas iniciativas valiosas en este sentido, como *HelpAge*[23].

---

[22] Arthur A. STONE et al., «A Snapshot of the Age Distribution of Psychological Well-Being in the United States», *Proceedings of the National Academy of Sciences* 107, n.º 22 (junio de 2010): 9985-90, https://doi.org/10.1073/pnas.1003744107.

[23] *HelpAge* es una ONG internacional que ayuda a las personas mayores a defender sus derechos, combatir la discriminación y superar la

84

2. El *ejercicio físico* suele ser un factor fundamental para favorecer la salud y el buen estado corpóreo, de manera que la persona madura lo practica según sus circunstancias y de preferencia con regularidad. La repercusión que tiene en el equilibrio global del hombre y de la mujer es muy grande. Por ejemplo, suele ser un gran antídoto del estrés y del *burnout*, por la generación de endorfinas y la reducción del cortisol. Según Covey, es «capaz de producir extraordinarios resultados a largo plazo»[24].

3. También será señal de madurez física contar con una mentalidad de *previsión*, para disminuir los riesgos, por ejemplo, de enfermedades físicas o psíquicas. Para ello es recomendable hacerse una revisión médica periódica, donde aparecerán las medidas que convendrá tomar en cada caso. Esta mentalidad previsora incluye la diligencia para reaccionar ante los síntomas que anuncien ya algún padecimiento, sin esperar a que la enfermedad tome cuerpo. Lógicamente, la persona madura se apoya en el médico de su confianza al tomar estas medidas, sin manejarse por cuenta propia, porque el automedicarse y asumir el papel del especialista, supone un peligro.

4. El cuidado de la *alimentación* juega un papel importante y, al parecer, lo más recomendable en los casos normales será comer de todo, tanto para que la alimentación

---

pobreza. Sus campañas se destinan a que las personas mayores vivan vidas plenas, dignas, seguras, activas y saludables. *HelpAge* opera en 83 países y presiona a los gobiernos para desarrollar políticas que tengan en cuenta las necesidades de las personas mayores. Cfr. «HelpAge International», HelpAge International, accedido 25 de octubre de 2022, https://www.helpage.org/.

[24] Covey, *Los 7 hábitos*, 338.

esté balanceada, como para evitar manías y obsesiones sobre determinados alimentos, que podrían afectar también psicológicamente. Quien está bien educado en este campo, suele ingerir los alimentos en los momentos previstos y evita comer entre comidas, porque de lo contrario el desorden en los horarios puede producir descompensaciones.

Especial atención requiere la tendencia a los excesos en la comida y en la bebida. En el primer caso se suele presentar el problema de la *obesidad*, que obliga a tomar las medidas necesarias para evitarlo. Suele ser preciso afrontar esta situación con claridad y eficacia, sin caer en el autoengaño, porque está demostrado que el porcentaje de personas que comienzan una dieta de adelgazamiento y logran el objetivo, es muy bajo. Esto se debe, muchas veces, a no atacar la causa, que frecuentemente puede radicar en la ansiedad, y que en la práctica impulsa a la persona a no reducirse a la dieta prevista, sino a ir siempre a más. En el caso de la bebida, la persona madura vive la sobriedad y no se deja presionar por un ambiente que tantas veces inclina al consumo de alcohol sin medida. En este punto se ve con claridad cómo la madurez física se relaciona con la madurez de la voluntad, que debería ser la fuerza que controlara y encauzara la tendencia a excederse en la alimentación y en la bebida.

5. El problema de la *hipocondría*, ya mencionado por su actualidad, se debe ordinariamente a que la persona está demasiado centrada en ella misma, por lo que vive con excesiva preocupación por su salud: ensimismada. La madurez aquí consiste, una vez más, en el equilibrio para evitar el extremo del excesivo cuidado de la salud, que se consigue mediante el olvido propio, y que es consecuencia

de orientar la vida hacia fuera de sí mismo, es decir, hacia los demás. Muchas veces detrás de este problema está el temor a sufrir, en lugar de aceptar que el sufrimiento forma parte de la vida. La *hipocondría* puede tener también consecuencias espirituales, porque la relación con Dios exige salir de uno mismo y superar la tendencia a vivir concentrado en el propio ego. Por tanto, la persona madura cuida armónicamente su salud integral y acepta de antemano las consecuencias de vivir: la enfermedad, con los dolores o sufrimientos que puede conllevar.

6. También será una señal de madurez no prestar demasiada atención ni cuidado excesivo al cuerpo, como ocurre con quienes pasan horas diarias en los gimnasios, como si fuera la principal actividad de la jornada, centrados o centradas en las mejoras físicas que van consiguiendo. Esta actitud puede conducir al narcisismo, contrario a vivir hacia fuera de uno mismo, que es lo propio de la persona madura. En esta misma línea, la obsesión por la belleza o por tener un cuerpo atractivo, mediante cirugías estéticas, suele conducir al egocentrismo y, consecuentemente, a la inmadurez. Por tanto, *la atención equilibrada al cuerpo*, sin incurrir en los excesos mencionados, será otro rasgo de madurez física.

7. Si bien es evidente que el cuerpo influye en el ámbito emocional de la persona —un cuerpo sano favorece una mente sana—, también es un hecho que las emociones repercuten hondamente en el organismo. En concreto, las *emociones negativas* como el miedo, la tristeza y las preocupaciones, pueden generar enfermedades físicas, de manera que el cuidado del cuerpo requiere también atacar esas causas. La persona madura sabe manejar las

emociones negativas, identificándolas y encauzándolas oportunamente. Sin embargo, según los especialistas, no siempre podemos eliminarlas; sí podremos neutralizarlas mediante *emociones positivas*, que favorezcan el bienestar personal[25]. Tales emociones derivan ordinariamente de actividades gratificantes, como los *hobbies*, la convivencia con los amigos, el trabajo bien hecho, etcétera, que vale la pena fomentar.

8. La madurez aquí también incluye cuidar el *sueño* porque es un gran medio para el descanso físico y psíquico.

Son tres elementos los que marcan un sueño de buena calidad: la duración, que debe ser suficiente para sentirse descansados y estar alerta al día siguiente (en la población adulta se estima que este tiempo debe ser entre 7 a 9 horas); la continuidad, porque los periodos de sueños deberían ser continuos, sin fragmentación; y la profundidad, ya que el sueño debe ser lo suficientemente profundo para ser reparador[26].

Suele ser recomendable regular la hora de acostarse y levantarse. Esto supone renunciar a todo aquello que retrase el momento de conciliar el sueño, muy especialmente es al uso de los dispositivos electrónicos, que fácilmente pueden generar hábitos perniciosos que acaban convirtiéndose en adicciones (navegar en internet, ver series, etcétera). Por

---

[25] Cfr. Fernando SARRÁIS OTERO, *Aprendiendo a vivir: El descanso* (Barañáin: EUNSA, 2011).

[26] Ana PÉREZ MENÉNDEZ, «Nota de prensa: 18 de marzo de 2021-Día Mundial del Sueño», Sociedad Española de Neurología, 19 de marzo de 2021, https://www.sen.es/saladeprensa/pdf/Link332.pdf.

otra parte, quien padece de insomnio, buscará las causas que lo provocan para tratar de atacarlas y, si es el caso, acudir al médico especialista.

9. El *contacto con la naturaleza* es otro recurso que favorece de manera importante la salud física, tanto directamente —el aire limpio, la belleza contemplada...— como indirectamente, por las ideas y emociones positivas que ese contacto genera. Será signo de madurez, por tanto, saber disfrutar directamente de la naturaleza, dejando a un lado lo que impida el contacto con el mundo real, como pudieran ser los dispositivos electrónicos.

10. De todo lo anterior se deriva que el *descanso* bien planeado, es indispensable para la madurez física, sobre todo por sus repercusiones psíquicas. Saber descansar es un arte que vale la pena cultivar, principalmente cuando se está sometido a una actividad intensa, ya sea física o, sobre todo, mental. El descanso es necesario para rendir lo más posible en el trabajo, especialmente a largo plazo. Es un medio de prevención. La persona madura consigue realizar una actividad intensa sin agotarse, porque disfruta lo que hace y sabe detenerse cuando conviene.

MADUREZ FÍSICA

Es conveniente proporcionar al cuerpo una atención razonable que evite cualquiera de los dos extremos: el descuido y el exceso de dedicación a su cuidado.

● PROBLEMAS ACTUALES

1. Edadismo
2. *Fast food* y alimentos procesados
3. Hipocondría y cirugías estéticas
4. Fisioculturismo, *fitness* y *wellness*
5. Descuido del sueño

● RASGOS DE MADUREZ FÍSICA

1. Conocer y aceptar las condiciones personales en cada etapa de la vida
2. Ejercicio físico
3. Previsión
4. Cuidado de la alimentación
5. Evitar el excesivo cuidado de la salud
6. Atención equilibrada al cuerpo
7. Neutralizar las emociones negativas con emociones positivas
8. Cuidado del sueño
9. Contacto con la naturaleza
10. Planear el descanso

90

5.
MADUREZ INTRAPERSONAL

A. Problemas actuales

No cabe duda que hoy un desafío es la *crisis de identidad*, extendida a personas de todos los grupos sociales, edades y culturas. Es un tema cuyo estudio y discusión se debate en foros académicos, medios de comunicación, cultura y opinión pública en general[1].

Son diversas las causas que han originado un problema tan generalizado y profundo. Sus consecuencias afectan de forma importante el proceso de madurez: quien no sabe quién es, no sabe a dónde va y qué quiere.

El entorno digital evoluciona a enorme velocidad. La convivencia con dispositivos electrónicos y la captación de la realidad a través de pantallas, ha significado, para

---

[1] Cfr. «El concepto de identidad», Teoría (Madrid: Dossier para una Educación Intercultural., 2005).

91

muchas personas, una confusión, que en los hechos supone una ruptura entre lo real y lo digital[2].

El desarrollo de la identidad en ambiente digital supone agregar un nuevo *yo* a la personalidad: a los tradicionales *yo auténtico*, el *ego* y el *yo que ven los demás* se ha sumado el *yo que mostramos en las redes sociales* que, en una gran mayoría de los casos, no corresponde con la realidad. Es principio esencial de la psicología el que, para alcanzar una vida lograda, y con ello la felicidad, se requiere la alineación de los distintos *yos* (lo que también podría denominarse *unidad de vida*). La ruptura de los *yos*, cuando no coincide el *yo* auténtico con el *ego*, con el que ven los demás o con el *yo* que se muestra en las redes, conduce a procesos de ansiedad y depresión.

La madurez intrapersonal presenta hoy algunas dificultades para su desarrollo, que se mencionan a continuación.

1. El nuevo entorno digital

El entorno digital ha crecido de manera exponencial. De forma silenciosa, el empleo de dispositivos se volvió desproporcionado. Michel Desmurget, director de investigación en el Instituto Nacional de la Salud en Francia, señala que en el periodo básico de formación (entre los 2 y 18 años), los jóvenes invierten en pantallas el tiempo equivalente a 30 años escolares[3].

---

[2] Cfr. Daniel Esparza, «Crisis de identidad y revolución digital», *Caracteres: estudios culturales y críticos de la esfera digital* 1, n.º 1 (2012): 77-85.

[3] Cfr. DESMURGET, *La fábrica de cretinos.*

92

El número de horas frente a pantallas ha ido logrando que la realidad se percibida a través de ese medio, rompiendo el umbral que existe entre la realidad y lo digital, sobre todo en los jóvenes. Por otra parte, la evolución de la tecnología parece no enfocarse solo hacia la *realidad virtual*, sino hacia la *realidad aumentada*, representada de forma clara por proyectos como el *Metaverso*, que parece iniciar una nueva relación del hombre con el mundo.

Un estudio sobre la brecha digital entre adultos y adolescentes, realizado durante tres años en colegios de Barcelona, Madrid, Zaragoza, Sevilla y Santiago de Compostela, señaló que:

> La mayoría de jóvenes emplean las TIC y las redes sociales para lo que les motiva personalmente: sociabilidad, ocio, relaciones personales, etc. Se confirma que los jóvenes emplean las TIC y redes sociales para conocerse, presentarse y construir su identidad.
>
> Los adultos entienden las nuevas tecnologías y las redes sociales como un «mundo aparte», mientras que *para los jóvenes apenas hay distinción entre la vida real y la vida virtual, pues fusionan ambas experiencias como una misma realidad*[4].

2. Influencers

Hasta hace algunos años vivíamos en el mundo del *mass media*. Los medios de comunicación masiva, como el cine

_____

[4] Manuel GARRIDO-LORA, Jordi BUSQUET DURAN, y Rosa-Àuria MUNTÉ RAMOS, «De las TIC a las TRIC. Estudio sobre el uso de las TIC y la brecha digital entre adultos y adolescentes en España», *Anàlisi*, n.° 54 (1 de junio de 2016): 52, https://doi.org/10.7238/a.v0i54.2953. Énfasis propio.

y la televisión, generaron modelos atractivos que impusieron modas, estilos de vida y consumo. En el momento actual, los medios masivos se han sustituido por las *plataformas streaming* y las *redes sociales.*

Las redes sociales originan una figura de mayor aceptación, sobre todo en la generación *centennial*: los denominados *influencers*, que han generado una relación distinta con los jóvenes. Ya no solo se trata de imponer un modelo difundido de vida —inalcanzable para la mayoría—, sino que el *influencer* pareciera más cercano y asequible. Los *influencers* se han vuelto el medio de *marketing* más importante para muchas empresas, sobre todo las que atienden mercados dirigidos a gente joven[5].

El seguidor del *influencer* lo percibe como un modelo alcanzable, y tiende a imitarlo y a compararse con él, causando nuevos conflictos sociales. Anteriormente, los modelos de vida derivados de los medios masivos no generaban el sentido de comparación por su carácter inaccesible.

La figura del *influencer* se ha vuelto engañosa por dar la impresión de que goza de un alto nivel de felicidad, lo cual no es así; la mayoría de las emociones que expresan en las redes sociales son falsas. Se vive una *pandemia de la comparación*, que causa daños en la madurez intrapersonal de los jóvenes por distintos motivos. Apuntamos tres destacables:

a) *Una visión irreal del éxito*, olvidando que cada uno experimenta una realidad y circunstancia distinta, tiempos y alcances diferentes.

---

[5] Cfr. Ole NYMOEN y Wolfgang M. SCHMITT, *Influencers: La ideología de los cuerpos publicitarios*, trad. Lara Cortés Fernández (Barcelona: Ediciones Península, 2022).

b) *Pérdida de visión de los propios éxitos*, lo que conduce a no ser agradecido. La comparación enfoca la atención en el *influencer*, dejando de lado la valoración de lo propio, de lo que se tiene; y se pierde, con ello, el sentido del agradecimiento, fundamental para alcanzar la felicidad.

c) *Perder consciencia de la valía de uno mismo* frente al *influencer*, causando un sentimiento de envidia.

Para paliar la comparación y sus efectos negativos, muchos jóvenes tienden a convertirse en otros personajes *(avatares)*, a través de los cuales pretenden superar sus propias limitaciones y, así, relacionarse más fácilmente con los demás en el mundo digital.

3. La generación de cristal

En sus años de desarrollo, la *generación X* vivió cambios importantes en la cultura —como la *revolución sexual*, el *hippismo* y algunas crisis político-económicas— que, al padecerlas, provocaron en ellos una visión sobreprotectora de los hijos. Las expresiones «mamá gallina» en México o «mamá bocadillo» en España, representan muy bien a una generación de padres que limitan las capacidades de sus hijos al sobreprotegerlos y al ser permisivos en cuanto a la disciplina, dando lugar a la *generación de cristal*.

Conforme emerge la *generación de cristal*, algunas características limitantes de su perfil comienzan a definirse. Para ellos: todo es efímero, manifiestan poco interés en la cultura y la lectura, tienen baja autoestima y poca tolerancia a la crítica, al rechazo y a la frustración. Sin embargo, otras características representan valores emergentes: poseen mayor sensibilidad a problemas sociales y confían en valores como la amistad, valentía, prudencia, templanza, fortaleza y justicia.

En septiembre de 2015, los profesores Greg Lukianoff y Jonathan Haidt, publicaron un influyente artículo en la revista *The Atlantic* en el que, refiriéndose a estudiantes universitarios de Estados Unidos, señalaban que:

> En una encuesta de 2014, realizada por la American College Health Association, el 54 por ciento de los estudiantes universitarios encuestados dijeron que habían «sentido una ansiedad abrumadora» en los últimos 12 meses, frente al 49 por ciento en la misma encuesta, solo cinco años antes. Los estudiantes parecen estar reportando más crisis emocionales; muchos parecen frágiles, y esto seguramente ha cambiado la forma en que los profesores y administradores universitarios interactúan con ellos. La pregunta es si algunos de esos cambios podrían estar haciendo más daño que bien[6].

El fenómeno parece extenderse a universidades y comunidades de jóvenes, a lo largo del planeta. La *generación de cristal* representa un reto relevante de madurez intrapersonal, del que no se vislumbra un claro desenlace en los próximos años.

---

[6] Greg Lukianoff y Jonathan Haidt, «The Coddling of the American Mind», *The Atlantic*, 11 de agosto de 2015, https://www.theatlantic.com/magazine/archive/2015/09/the-coddling-of-the-american-mind/399356/. Traducción propia.

96

4. Anonimato y seudoanonimato en las redes sociales

Los comportamientos dentro de internet son distintos a los del trato personal directo. A diferencia de lo que ocurre en las relaciones presenciales entre personas —en las que uno está siendo visto y de ahí pueden surgir compromisos—, a internet se puede entrar ocultando la identidad bajo *anonimato* o *seudoanonimato*. El anonimato se refiere a no tener ningún rastreador que pueda identificar al internauta. Si se visita en forma anónima un sitio *web* en más de una ocasión, no existe manera de constatar que se trata de la misma persona. El seudoanonimato en internet supone el empleo de un nombre falso, impidiendo conocer la identidad real del internauta, aunque su uso deja rastro en la red.

Bajo ocultamiento de la identidad, el ingreso a internet genera efectos *desinhibitorios* del comportamiento: la entrada y salida se realiza sin hacer compromisos, el lenguaje tiende a ser más violento y cuando las cosas se complican se puede salir en cualquier momento[7].

La convivencia social a través de identidades ocultas o falsas causa nuevos problemas, entre los que se destacan:

a) *Falsedad de información*, dirigida a grupos específicos, para la obtención de rentabilidades de carácter político o económico. La denominada *posverdad* —información falsa dirigida a la generación de

---

[7] Cfr. Annachiara Del Prete y Silvia Redon Pantoja, «Las redes sociales on-line: Espacios de socialización y definición de identidad», *Psicoperspectivas* 19, n.º 1 (marzo de 2020): 86-96, https://doi.org/10.5027/psicoperspectivas-vol19-issue1-fulltext-1834.

97

emociones— ha tenido uno de sus principales epicentros en el ambiente digital.

b) *Polarización*, debida al comportamiento desinhibido en las redes sociales, que supone el crecimiento del odio y la violencia. En términos políticos, la polarización surgida de las conversaciones en las redes sociales es hoy uno de los mayores riesgos para los regímenes democráticos.

c) *Impacto en la personalidad de los internautas* que ejercen un rol actuado, por encima de su identidad.

5. Crisis de resiliencia

Un aspecto que ha aumentado de forma consistente en los últimos años, es el *crecimiento excesivo de la sensibilidad*. De acuerdo con distintos estudios, hoy vivimos en un ambiente donde priman las emociones. Paradójicamente, mientras más domina la sensibilidad, disminuye proporcionalmente el *EQ*, esto es la *inteligencia emocional*, por la dificultad de canalizar los sentimientos.

Asimismo, un tema que ha crecido de manera proporcional al aumento de la sensibilidad es, particularmente, el de la *intolerancia a la frustración*, que supone falta de capacidad para soportar los problemas y contratiempos, o el aplazamiento de recompensas. Esto es, falta *resiliencia*, que es la capacidad de soportar circunstancias adversas y de recuperarse después de un fracaso[8].

---

[8] Cfr. Shawn ACHOR y Michelle GIELAN, «La resiliencia consiste en recuperarse, no en aguantar», en *Resiliencia*, trad. Begoña Merino Gómez, Inteligencia Emocional 2 (Boston: Harvard Business Review, 2018).

Afirmamos que se vive una crisis de resiliencia en muchos sectores de la población, que bien puede llevar también a la *procrastinación*. Las personas con poca resiliencia suelen presentar estados de estrés, enfado, ansiedad, tristeza y resentimiento. Normalmente, tienden a victimizarse y a culpar a otros de lo que les sucede.

Característica destacable de la crisis de resiliencia, es la tendencia generalizada a huir del *dolor*, frecuentemente *ocultando las emociones*, lo que significa dar la espalda a los procesos naturales de duelo. Otra particularidad es recurrir a *mecanismos de fuga*, a través de placeres transitorios: comida, alcohol, uso de drogas…, que al final generan adicciones. Al intentar huir del dolor, se produce más dolor, y al no querer entrar en contacto con las emociones negativas, estas crecen.

Queda claro que la falta de resiliencia supone la no aceptación de la propia realidad, lo que implica a su vez falta de identidad y, consecuentemente, inmadurez intrapersonal.

B. Características generales de madurez intrapersonal

La adecuada relación de la persona consigo misma es un signo de madurez relevante. Consiste, ante todo, en identificarse con lo que uno *es* en sentido amplio, es decir, con todo aquello que forma parte de su ser: pasado, presente y futuro; lo que cada uno es, y lo que le corresponde ser, según su situación en el mundo. Por tanto, la madurez intrapersonal radica en la identidad o identificación con uno mismo, que a su vez es fundamento de la autenticidad de la persona. Tal autenticidad equivale a

99

la congruencia, a la unidad de vida, que es coherencia entre lo que se piensa, se dice y se hace[9].

El obstáculo principal para conseguir la propia identidad suele estar en el *ego*, entendido en dos acepciones: primero, como la falsa imagen que la persona se forma de sí misma, porque se visualiza de manera distinta a como es en la realidad (muchas veces por imaginarse aquello que los demás piensan de ella o por los actos que han influido en su vida); segundo, como exceso de autoestima, característico de quien se considera o pretende considerarse más que los demás, y difícilmente reconoce sus limitaciones. En ambos casos falla la identificación con lo que la persona realmente es, con su *yo* real, y, consecuentemente, en esta falta de identidad radica esencialmente la inmadurez.

Cabe destacar también que las relaciones con otras personas dependen, en buena medida, de la relación con uno mismo. Por eso, cuando a alguien se le dificulta entenderse con los demás, lo primero que le convendrá hacer —si quiere resolverlo— es revisar cómo ocurre aquello en su propia persona. Por ejemplo: la dificultad para aceptar al otro, puede tener su origen en no aceptarse a sí mismo.

C. Rasgos de madurez intrapersonal

¿Qué características destacan, entonces, de la persona intrapersonalmente madura y cómo se consigue esta madurez?

---

[9] Cfr. Francisco Ugarte Corcuera, *En busca de la realidad* (Madrid: Rialp, 2006).

100

1. En primer lugar, la persona madura se conoce *objetivamente*, es decir, con realismo. Esto no es fácil porque, si bien el riesgo de incurrir en el subjetivismo puede presentarse ante cualquier objeto de conocimiento, cuando se trata de conocer el propio *yo*, el problema se agudiza. La voluntad y las emociones, por ejemplo, pueden alterar el propio conocimiento: vernos como nos gustaría ser y no como somos; concentrarnos en nuestros defectos y tener una visión negativa de nosotros mismos, que no incluya nuestras cualidades; o, al revés, sobrevalorarnos y tener una idea mejor de lo que correspondería a nuestra realidad, etcétera. Para que este conocimiento de uno mismo sea objetivo, requiere de la humildad intelectual, que consiste en atenerse a la realidad —tal cual es— sin dejar que los deseos o las emociones la alteren.

2. El conocimiento maduro de uno mismo, además de objetivo, ha de ser *completo* para que la identidad también lo sea. Esto incluye no solo lo que la persona es en el presente, sino también abarca su pasado —que sigue pesando sobre ella— y su futuro, al que pertenecen sus proyectos y metas personales. Este conocimiento, por otra parte, no se reduce a lo que la persona es, sino que incluye también obligaciones y responsabilidades que derivan de su ser y sus circunstancias particulares de vida: quien ha formado una familia, será consciente del deber de educar a los hijos; quien ocupa un puesto relevante en su actividad profesional, tendrá en cuenta a quienes dependen de él; quien cursa una carrera universitaria, adquirirá los conocimientos que se le ofrecen, etcétera.

3. Conocerse no es lo mismo que *aceptarse*, ni la aceptación deriva automáticamente del conocimiento

101

propio, porque es un acto distinto que pertenece a la voluntad. Alguien que se conozca bien puede no aceptarse, por ejemplo, rechazando interiormente determinados defectos o, incluso, algunas cualidades que puedan comprometerle. La aceptación de sí mismo depende, ciertamente, del propio conocimiento —si no me conozco, no me puedo aceptar—, pero va más allá: consiste en el amor recto a uno mismo, de igual manera que aceptamos a otra persona porque la queremos. Este es un signo claro de madurez, indispensable para la identificación con nuestro propio *yo*. En consecuencia, la persona madura se acepta a sí misma integralmente, sin excluir nada de lo que pertenece a su ser real. Las posibilidades de evadir tal aceptación son muy variadas, pero la principal suele radicar en el *ego* que rechaza lo que no le gusta de sí mismo o idealiza aspectos del propio *yo* que no son reales. También la solución aquí radicará en la humildad —no tanto intelectual, como volitiva y afectiva—, que consiste precisamente en quererse ordenadamente a sí mismo, para aceptarse.

4. La verdadera aceptación de uno mismo es condición para otro rasgo importante de la madurez intrapersonal: el afán por *dar lo mejor de nosotros mismos*, para alcanzar la plenitud a la que estamos llamados como seres humanos y que, en buena medida, se identifica con la felicidad que todos deseamos. Aceptarse a uno mismo no se relaciona, en absoluto, con la actitud conformista y resignada que asume quien se instala pasivamente ante la vida, sin ningún afán de superación. Por ejemplo, para que la aceptación de las propias deficiencias sea auténtica, incluirá la intención de superarlas hasta donde sea posible. Esta disposición de

mejora continua es, por tanto, condición para una progresiva identificación con uno mismo y es una característica de la persona madura, que vive el presente con intensidad y mira hacia el futuro con esperanza.

5. La *sinceridad* con uno mismo resulta indispensable para conocerse y aceptarse, para no incurrir en el autoengaño o en la justificación, y evitar así el evadir la realidad. Para la persona madura es esencial la veracidad: llama a las cosas por su nombre y le repugna todo aquello que suene a falsedad o doblez. Consecuentemente, se desenvuelve con naturalidad, sin fingimientos ni actitudes artificiales, contrarias a la sinceridad y a la autenticidad. Este rasgo de madurez intrapersonal suele traducirse en serenidad y paz interior, porque la persona no tiene que defender ninguna imagen, está identificada con lo que es. Cabe advertir, por otra parte, que ser sincero y auténtico no significa dejarse llevar por los impulsos y las emociones —como en ocasiones se entiende la espontaneidad—, sino en ser congruente en el comportamiento, lo que incluye el autodominio.

6. La *autoestima*, rasgo de madurez intrapersonal, consiste en la valoración objetiva de uno mismo y, por tanto, tiene presentes las cualidades y fortalezas que se poseen. Es compatible con el conocimiento de las propias debilidades que, como se ha señalado, se aceptan y procuran superarse hasta donde sea posible. En cambio, la baja autoestima —cercana al complejo de inferioridad— impide la maduración de la persona, porque no le permite desplegar sus capacidades para ofrecer lo mejor de sí misma. Ciertamente la autoestima puede tener el riesgo de conducir a la soberbia, al *ego*, no solo porque

103

se sobrevaloren las cualidades, sino porque se atribuyan a uno mismo, como si fuera el único autor de ellas. Otro tanto ocurre si los propios defectos se minusvaloran o no se reconocen como tales. Para evitar estos peligros, además del conocimiento objetivo de uno mismo, es pertinente atribuir muchas de las cualidades recibidas a Dios y a aquellas personas o circunstancias que nos las hayan facilitado. Tradicionalmente se ha dicho que la *humildad* es la verdad, lo cual, aunque pudiera desconcertar a primera vista, coincide con la auténtica autoestima, que es la valoración verdadera de uno mismo, por lo que se es (más que por lo que se hace).

7. Relacionada íntimamente con la autoestima se encuentra la *seguridad personal*, derivada de la confianza en sí mismo y de una sana autonomía interior, lo que facilita actuar sin depender de los demás: bajo la propia libertad y responsabilidad. Esto no significa incurrir en el *individualismo*, porque quien es seguro de sí sabe que necesita de los demás y, en consecuencia, se apoya en ellos para complementar sus propias capacidades. Entre otras cosas, sabe trabajar en equipo, asumiendo las responsabilidades que le corresponden.

Por otra parte, para adquirir esta seguridad propia, es preciso enfrentarse a situaciones que exijan esfuerzo y valentía —mejor si son retos que se presentan desde la infancia—, como lo advierten quienes han tratado con acierto el tema de la fragilidad de los jóvenes, hoy:

Como el sistema inmune, los niños deben exponerse a las dificultades y los estresores (dentro de unos límites y de formas acordes con su edad), o no lograrán madurar y desarrollarse

104

como adultos capaces que puedan interactuar de forma productiva con las personas y las ideas que desafían sus creencias y convicciones morales[10].

La persona madura, consecuentemente, no depende ni se preocupa del «qué dirán» los demás, porque está segura de que sus actuaciones se identifican con su ser. Esta seguridad también se favorece cuando la persona no se toma demasiado en serio: es capaz de reírse de sí misma con sentido del humor, y piensa en los demás, como lo expresa la conocida oración atribuida a santo Tomás Moro:

Dame, Señor, una buena digestión, y también algo que digerir [...]. No permitas que esa cosa pesada que se llama «Yo» me preocupe demasiado. Dame, Señor, sentido del humor. Dame la gracia de comprender una broma, y de descubrir un poco de alegría en esta vida y comunicarla a los demás.

8. La capacidad de *adaptación* es otra señal de madurez, que se facilita mucho cuando la persona es segura de sí misma. La vida es dinámica y cambiante, requiere flexibilidad para adaptarse a cualquier circunstancia. El inseguro se aferra a su posición porque teme perderla, con lo que ordinariamente vive desadaptado. Si volvemos al fundamento de la madurez intrapersonal, es claro que la identidad con uno mismo incluye identificarse con el proceso de la propia existencia, que nunca es estático. La capacidad de adaptación abarca muchos ámbitos: las relaciones con quienes piensan de manera diferente, aquellos

---

[10] HAIDT y LUKIANOFF, *La transformación de la mente moderna*, 61.

105

que proceden de otras culturas o pertenecen a generaciones distintas, etcétera. Lo mismo en lo referente a las actividades que corresponde realizar: el trabajo profesional, labores de responsabilidad social, deporte o entretenimiento, por ejemplo. También son señales de madurez la *tolerancia a la frustración* y la *capacidad de aprender de los fracasos*.

9. Un primordial rasgo de madurez es la *libertad interior*, que consiste en la ausencia de condicionamientos internos a la hora de tomar decisiones y actuar. La persona madura posee criterios claros: sabe lo que está bien y lo que está mal, y no tiene paradigmas o prejuicios que la condicionen, por lo que procede libremente, orientándose con soltura a lo que conviene hacer. Esos criterios nunca serán obstáculo para la libertad sino todo lo contrario, porque orientan positivamente sobre el modo de proceder, de acuerdo con la propia naturaleza humana, y así poder caminar hacia la plenitud personal a la que estamos llamados. Cabe advertir que la verdadera libertad no consiste en actuar por impulsos o irracionalmente, sino de manera prudencial, queriendo positivamente hacer lo que se quiere hacer. Más aún, ordinariamente, esta libertad interior o libertad de espíritu, tiene el efecto de disfrutar lo que se hace, porque se está convencido de que vale la pena y se lleva a cabo con determinación.

10. El último rasgo de madurez intrapersonal que deseamos destacar es consecuencia de todo lo anterior y se refiere a la manifestación de uno mismo. Cuando alguien no ha logrado identificarse con su propio ser, suele vivir de apariencias. Experimenta la necesidad de cultivar una imagen, un *ego* que no corresponde al *yo* real, por esa falta

106

de identidad. La persona madura, en cambio, *se manifiesta como es*: no pretende aparentar otra cosa que no sea su propia realidad. Ciertamente no resulta fácil, porque el *ego* suele inclinar a crearse una imagen por encima del *yo* real, de manera que para evitarlo será necesario el esfuerzo de mantenerse en la verdad sobre uno mismo que, como se ha indicado, coincide con la virtud de la humildad. Esta tarea es ardua, pero vale la pena si queremos ser personas integralmente maduras. Y, para los creyentes, se facilita considerablemente si se sabe que se cuenta con la ayuda de Dios para alcanzarla.

MADUREZ INTRAPERSONAL

La adecuada relación de la persona consigo misma es un signo de madurez relevante. Consiste en la identidad o identificación con uno mismo, que a su vez es fundamento de la autenticidad.

● **PROBLEMAS ACTUALES**

1. El nuevo entorno digital
2. *Influencers*
3. La generación de cristal
4. Anonimato y seudoanonimato en las redes sociales
5. Crisis de resiliencia

● **RASGOS DE MADUREZ INTRAPERSONAL**

1. Conocerse objetivamente
2. Conocimiento completo de uno mismo
3. Aceptarse
4. Dar lo mejor de nosotros mismos
5. Sinceridad
6. Autoestima y humildad
7. Seguridad personal
8. Capacidad de adaptación
9. Libertad interior
10. Manifestarse como se es

6.
MADUREZ PROFESIONAL

A. Problemas actuales

Los últimos años cambiaron significativamente los mercados laborales. Distintos acontecimientos han dejado un impacto profundo, llevándonos a una realidad muy diferente a la configurada durante años: el avance de la figura femenina, la quinta Revolución Industrial y la pandemia COVID-19, han determinado lo que es, no tanto una época de transformaciones drásticas, sino una verdadera revolución de época histórica.

A fines de la década de 1960 se reinterpretó, de forma generalizada, el papel de la mujer en el mundo profesional, evolucionando para ocupar un importante porcentaje en diversas actividades. Actualmente no existe, prácticamente, espacio en donde no participen ellas: inclusive en ámbitos donde, hace pocos años, era impensable encontrarlas. Sin embargo, su remuneración sigue siendo inferior a la de los hombres.

En pocos años hemos transitado por dos revoluciones industriales. Si desde el siglo XVIII hasta la década de 1990 llevábamos tres, en poco más de una década, hemos pasado por dos: el mundo digital y la inteligencia artificial. Lo anterior conduce a que los trabajos del futuro sean diferentes a los tradicionales. Se prevé que, en un futuro cercano, gracias a la tecnología, desaparecerán 75 millones de empleos a nivel global, pero también se crearán 133 millones. El valor del trabajo está cambiando: los empleos basados en lo repetitivo, que no requieren de razonamiento, tenderán a desaparecer al ser sustituidos por la tecnología, mientras las actividades que requieran trato personal crecerán como, por ejemplo, la atención a adultos mayores.

Asimismo, la pandemia COVID-19 detonó un cambio esencial en la forma de trabajar. En gran cantidad de oficinas, la presencia física pasó a segundo plano, mientras se desarrolló aceleradamente el denominado *home office*. La tendencia global apunta a que ciertos trabajos que suponen dedicación en escritorio se realicen en casa, mientras que la oficina se emplee básicamente para ciertas reuniones y generación de comunidad. Miles de metros cuadrados de oficina se han reconvertido a residenciales, puesto que la forma de organización del trabajo se modificó drásticamente.

Los anteriores cambios nos enfrentan a retos que influyen en la forma de valorar el sentido del trabajo y la realización personal derivada de ello. Igualmente, impactan al tejido social y a las relaciones familiares y de amistad. A continuación se presentan algunos de esos retos.

110

1. Inestabilidad laboral

En el mundo profesional, una transformación profunda se manifiesta en el tiempo que las personas perduran en un puesto de trabajo. Cada vez la estancia es menor y, en consecuencia, el ambiente generalizado produce inestabilidad laboral que impacta en el sentido mismo del trabajo.

Desde el punto de vista del empleador, tal inestabilidad significa dificultad de operación y crecimiento, ya que las habilidades adquiridas y la experiencia de quienes se retiran, deben sustituirse por otros empleados, con el costo que conlleva la curva de aprendizaje. Por otro lado, para el empleado, la inestabilidad laboral significa una menor certidumbre y compromiso con un proyecto de vida.

Desde la responsabilidad de los empleadores, las principales causas de la inestabilidad laboral son:

a) El enfoque exclusivo de las empresas en la *rentabilidad*, dejando de lado la responsabilidad social, particularmente con sus empleados[1].

b) El cada vez menor promedio de vida de las empresas: de 67 años en 1920 a 15 a finales del siglo XX[2].

---

[1] Cfr. Milton FRIEDMAN, «The Social Responsibility of Business Is to Increase Its Profits», *The New York Times*, 13 de septiembre de 1970, sec. Archives, 32-33,122, 124, 126, https://www.nytimes.com/1970/09/13/archives/a-friedman-doctrine-the-social-responsibility-of-business-is-to.html.

[2] Richard FOSTER y Sarah KAPLAN, *Creative Destruction: Why Companies That Are Built to Last Underperform the Market-And How to Successfully Transform Them* (New York: Currency Books, 2001).

Para los empleados, la inestabilidad laboral responde a un cambio de visión sobre la duración en un puesto de trabajo, sobre todo en las generaciones *millennial* y *centennial*. Hace unas décadas, según la creencia popular, dejar un puesto en menos de un año afectaba las oportunidades laborales. En la actualidad, esta convicción está desapareciendo.

En inglés se conoce como *job hopping*: «Un medio de rápido beneficio financiero, avance profesional o simplemente pasión por cambiar», como explica Niki Philip, quien agrega que existen dos tipos de saltos de trabajo; el primero se relaciona con el deseo de nuevas experiencias y, el segundo, con una cultura de rotación, es decir, cambiar de trabajo solo porque otros hacen lo mismo[3].

Según varios sondeos, los *millennials* no suelen ser fieles a las empresas. Mientras que muchos de sus jefes y compañeros de trabajo provienen de generaciones en las que no debía abandonarse un trabajo, pues era un logro adquirirlo, los *millennials* piensan de manera diferente, más que buscar seguridad y estabilidad económica, les interesa: aprender para crear sus propios proyectos, llevar a cabo labores que los reten intelectualmente y poseer cierta flexibilidad en su tiempo.

Una encuesta de una firma de recursos humanos señala que la consideración positiva de cambiar de trabajo en poco tiempo, aumenta conforme disminuyen las edades. En concreto:

---

[3] Niki PHILIP, «Job-Hopping: Does it benefit or detriment careers?» (Master Thesis Human Resource Studies, Tilburg, Tilburg University, 2018).

112

a) Mayores de 55 años: 51 %.
b) De 35 a 54 años: 59 %.
c) De 18 a 34 años: 75 %[4].

2. *Mujer y mundo laboral*

En relativamente poco tiempo, el mundo pasó por una revolución social: el nuevo rol de las mujeres. La década de 1960 trajo una nueva concepción de la igualdad de la mujer en la sociedad; en la década de 1970, comenzó a existir una mayor proporción de ellas en las universidades; y en la de 1980, empezó a crecer su incorporación a los mercados laborales. En la época actual, el ascenso de la mujer en estos ámbitos es incontrovertible, rompiendo muchos de los denominados *techos de cristal*[5], aunque con circunstancias estructurales que impiden todavía el pleno desarrollo de sus capacidades.

Específicamente, existen aspectos que impiden su desarrollo pleno en el mundo laboral: la dificultad de equilibrar el desarrollo profesional con la maternidad y la falta de valoración que sobre ellas se tiene en algunos ámbitos profesionales. La dificultad de equilibrio del desarrollo profesional con la maternidad se debe a la visión empresarial, orientada exclusivamente a la eficiencia que lleva

---

[4] Robert HALF, «Does Job Hopping Help Or Hurt Your Career? Survey Reveals Workers Favor Frequent Job Changes, but Managers Aren't on Board», RobertHalf Press, 5 de abril de 2018, https://press.roberthalf.com/2018-04-05-Does-Job-Hopping-Help-Or-Hurt-Your-Career.

[5] Se utiliza esta expresión para describir barreras que aparentemente no existen, pero que limitan el desarrollo profesional de las mujeres.

113

a asociar la maternidad con la baja productividad.[6] De ahí que las mujeres logren el equilibrio entre maternidad y trabajo es un reto de gran importancia social. La falta de valoración de las mujeres, en distintos ámbitos profesionales, proviene de que no se captan sus características específicas positivas como son, por ejemplo, mayor empatía, visión concreta de la realidad y cuidado de los detalles[7].

A pesar de lo anterior, su avance en el mundo laboral es de tal envergadura, que implica la modificación del modelo de vida en la organización familiar y en las relaciones sociales, motivando un cambio profundo. Si bien es cierto que, a la fecha, las mujeres perciben ingresos menores que los hombres y tienen poca presencia en puestos directivos, la visión de su trabajo ha cambiado radicalmente.

De acuerdo con datos de la Encuesta Nacional de Ocupación y Empleo (ENOE), la participación laboral femenina registró, en el año 2022, un nivel cercano al 45 %. En promedio, ganan 87 pesos por cada 100 que

---

[6] Cfr. Nuria CHINCHILLA, Esther JIMÉNEZ, y Marc GRAU, «Maternidad y trayectoria profesional en España: Análisis de las barreras e impulsores para la maternidad de las mujeres españolas» (España: IESE y Servicio de Publicaciones de la Universidad de Navarra, 2018), https://doi.org/10.15581/018.ST-334.

[7] «[…] La simple verdad es que las mujeres tienen una perspectiva única y diferente de las cosas y necesitamos esta perspectiva para ayudar a nuestras organizaciones a desarrollar nuevas ideas, cuestionar los dogmas, identificar las oportunidades, reducir los riesgos y construir realidades competitivas y exitosas […]». Silvia ZANELLA, *El futuro del trabajo es femenino* (Ciudad de México: Planeta, 2021), loc. 26 de 164.

gana un hombre. A pesar de la desigualdad, ha habido una mejoría de un 13,4 % a partir del año 2005[8].

3. Pérdida del sentido de responsabilidad

Una característica del ambiente laboral actual es la pérdida generalizada del sentido de responsabilidad de los trabajadores, expresada en una falta de compromiso con su lugar de trabajo. La encuesta *Tendencias en Beneficios 2019*, realizada por *Willis Towers Watson*, concluyó que el 87 % de los empleados no se sentían comprometidos con su trabajo[9]. Un análisis posterior, el *Workforce of 2020*, realizado por *Oxford Economics*, confirma que solo 13 % de los empleados declaró estar comprometido con su empresa[10].

¿Las principales causas de esta pérdida? La volatilidad de los mercados laborales y la convivencia intergeneracional. La volatilidad, característica de un ambiente de cambios acelerados, no permite establecer relaciones comprometidas de los empleados, conscientes de que, en cualquier momento, la fuente de trabajo puede extinguirse. En muchos lugares, la convivencia intergeneracional —donde conviven personas pertenecientes a las

---

[8] Cfr. INEGI, «Encuesta Nacional de Ocupación y Empleo (ENOE), población de 15 años y más de edad», Subsistema de Información Demográfica y Social (INEGI), accedido 28 de abril de 2023, https://www.inegi.org.mx/programas/enoe/15ymas/.

[9] Cfr. «Global insights from Willis Towers Watson's 2019/2020 Benefit Trends Survey» (Willis Towers Watson, 2019).

[10] Cfr. Oxford Economics, «Workforce 2020: The Looming Talent Crisis» (Oxford Economics, 11 de septiembre de 2014), https://www.oxfordeconomics.com/resource/workforce-2020-the-looming-talent-crisis/.

generaciones *baby boomers* y *X*, con las *millennial* y *centennial*—, produce dificultades de comunicación y cultura. Estas circunstancias dañan el sentido de compromiso y responsabilidad y se reflejan en: sentimientos de un trabajo poco valorado, desacuerdo con la filosofía de la empresa, falta de confianza en los jefes y sensación de estancamiento profesional[11].

4. Adicción al trabajo: Workaholics

En sociedades materialistas, una característica de la crisis de sentido es la evasión. Los denominados *workaholics*, buscan refugio en el trabajo. En la cultura general parece que ser *workaholic* es una virtud, por tratarse de personas responsables que trabajan mucho; sin embargo, no es así. El *workaholic* es un adicto[12] que reduce su vida, exclusivamente al trabajo profesional, descuidando otros ámbitos de desarrollo de la personalidad, como la atención a su vida familiar, espiritual y de amistades.

Un estudio realizado por *Harvard Business Review*, en 2010, concluyó que el número de horas trabajadas no se relaciona con la adicción al trabajo. Es decir, una persona

---

[11] Cfr. Oxford Economics.

[12] «[…] Ya Esquirol (1838) describió la enfermedad de "irse a los extremos", monomanías instintivas o *folie partielle*: un complejo de síntomas que consideró más frecuentes que las enfermedades mentales, que incluía euforia, incremento de energía, preocupación con una idea en particular y conductas irresistibles y sin motivos aparentes […]» Elvia VELÁSQUEZ DE P et al., *Adicciones: aspectos clínicos y psicosociales, tratamiento y prevención*, Fundamentos de Medicina (Medellín: CIB Fondo Editorial, 2013), loc. 18848 de 21897.

116

puede laborar más de 40 horas semanales sin necesidad de ser adicta al trabajo, y viceversa. La principal diferencia radica en que la primera sabe desconectar de su trabajo y se siente feliz y satisfecha, mientras que el *workaholic* no puede descansar porque piensa, obsesivamente y todo el tiempo, en el trabajo. Además de las consecuencias sociales que conlleva esta adicción, también existen riesgos relacionados con el estrés, que suelen conducir a un deterioro de la salud física y al denominado *burnout*[13].

Investigadores de la Universidad de Bergen[14] desarrollaron un sistema para medir el grado de adicción al trabajo. Para saber distinguir si simplemente se trabaja mucho o se sufre de un trastorno de adicción al trabajo, se puede contestar con «nunca», «rara vez», «a veces», «a menudo» o «siempre» a las siguientes afirmaciones:

- Piensas en cómo tener más tiempo para trabajar.
- Trabajas para reducir sentimientos de culpa, impotencia, depresión y ansiedad.
- Te han aconsejado que trabajes menos, pero lo has ignorado.

_____

[13] El *burnout* figura, a partir de 2022, en la Clasificación Internacional de Enfermedades (CIE-11), de la Organización Mundial de la Salud (OMS), y se le denomina «síndrome del desgaste emocional», considerándosele un trastorno relacionado con el estrés crónico en el trabajo.

[14] Desde 2014, se emplea comúnmente este estudio: Cecilie SCHOU ANDREASSEN et al., «The Prevalence of Workaholism: A Survey Study in a Nationally Representative Sample of Norwegian Employees», *PLOS ONE* 9, n.º 8 (13 de agosto de 2014): e102446, https://doi.org/10.1371/journal.pone.0102446.

- Pasas más tiempo trabajando, de lo que habías previsto.
- Sientes estrés cuando no puedes trabajar.
- Estás nervioso e incómodo cuando no trabajas.
- El exceso de trabajo ha impactado negativamente en tu salud.
- Tienes prisa por hacer las cosas.
- Crees que eres el único que puede realizar las cosas correctamente.
- El ocio y pasar tiempo con familiares y amigos está en un segundo plano.

Si se contesta con un «a menudo» o «siempre», a cuatro o más de estas diez frases, podría ser indicio de que se sufre adicción al trabajo.

5. Ego y pragmatismo: efectos del ambiente laboral en la personalidad

La cultura profesional contemporánea, sobre todo en ambientes competitivos, posee dos efectos sobre la personalidad: el crecimiento del ego[15] y el pragmatismo. Con el éxito profesional, el ego crece, llegando en algunos casos al denominado *síndrome de Hybris*[16]. El ego es una carac-

---

[15] Cfr. Ryan HOLIDAY, *El ego es el enemigo*, trad. Patricia Torres Londoño (Bogotá: Paidós Empresa Colombia, 2017).

[16] El síndrome de Hubris, también conocido como «síndrome de Hybris» (en griego ὕβρις, hýbris), que significa desmesura de la arrogancia o del orgullo, fue descrito por primera vez por el expolítico David Owen y también por el psiquiatra Jonathan Davidson, para utilizarlo como un cuadro diagnóstico que clasifica el poder desmedido de algunos personajes políticos. El síndrome de Hubris surge en

118

terística extendida en esos ambientes profesionales, consecuencia también del individualismo.

En la década de 1980, la visión de las empresas sufrió un cambio paradigmático. Comenzó a implantarse la idea, impulsada por Milton Friedman, perteneciente a la Escuela de Chicago, de que los negocios —y por lo tanto la visión empresarial detrás de ellos— poseen, como única finalidad, la obtención de la rentabilidad, apartando cualquier consideración de carácter social o humano. En un influyente artículo titulado *La responsabilidad social de los negocios es aumentar sus ganancias*, Friedman señalaba que:

«Las discusiones sobre la "responsabilidad social de los negocios" se destacan por su vaguedad analítica y su falta de rigor. ¿Qué quiere decir que los "negocios tienen responsabilidades?". Solo las personas pueden tener responsabilidades. Una empresa es una persona artificial. Y en este sentido, ¿puede tener responsabilidades artificiales?». Lo anterior condujo, más enérgicamente, a una cultura empresarial pragmática. Sin embargo, en la actualidad, esta cultura está en proceso de cambio hacia la denominada «responsabilidad ESG» por sus siglas en inglés (*enviroment, social and governance*) esto es, ambiental, social y de gobernanza[17].

---

aquellas personas que desarrollan un cambio de personalidad cuando se encuentran en un puesto laboral de poder, como puede ser un alto cargo político; aunque también puede surgir en cualquier otro campo, como el de los negocios (p. ej., los CEO de las grandes empresas).

[17] Cfr. Chris Tesarski y Trond Frantzen, *ESG: From Acronym to Action: Making World Change with Planned Intention* (The PowerStart Group, 2023).

119

B. Características generales
de madurez profesional

El trabajo forma parte integrante de la existencia humana. Esto significa que el desarrollo pleno de la persona y la consecución de su fin último, se apoyan en el trabajo de manera ineludible. Además, son muchos los beneficios derivados de esta actividad. Por ejemplo, es el medio ordinario para resolver las necesidades básicas de la existencia —como la alimentación y la vivienda— y llevar, así, una existencia digna; es, asimismo, un recurso para servir a los demás, con el fruto del propio trabajo o con el trabajo mismo; desde el punto de vista espiritual católico, es medio de santificación, si se practica con las condiciones debidas, porque significa seguir los pasos de Cristo, que trabajó en una actividad ordinaria la mayor parte de su vida en la tierra.

Por otra parte, el trabajo puede ser un medio privilegiado en el proceso de maduración de las personas, precisamente al contribuir de manera significativa a su desarrollo integral. No es difícil observar los cambios que el trabajo produce, por ejemplo, en quien concluye la etapa de estudiante y comienza su actividad laboral: abre los ojos a la realidad, ayuda a valorar lo que cuestan las cosas, a adquirir responsabilidad y disciplina, a desarrollar la capacidad de esfuerzo; proporciona estabilidad, enseña a relacionarse con los demás, y es ámbito propicio para adquirir y desarrollar virtudes.

Si bien el trabajo es un medio especialmente valioso para adquirir la madurez, también el modo de trabajar refleja qué tan madura es una persona. La madurez profesional encierra una serie de condiciones que la posibilitan, mientras que un trabajo realizado de cualquier manera, será señal de que quien lo lleva a cabo no ha madurado aún.

C. Rasgos de madurez profesional

Las características de una persona profesionalmente madura son numerosas, de manera que seleccionamos las que nos parecen más relevantes y pueden aplicarse a cualquier actividad laboral.

1. Una primera nota de madurez en el trabajo es la *responsabilidad*, que lleva a tomarse en serio la tarea correspondiente y a entregar buenas cuentas, lo cual significa trabajar con eficacia. Incluye, por tanto, cumplir acuerdos y compromisos, terminar lo comenzado, teniendo presentes aquellas palabras del Antiguo Testamento: «Más vale el final de una obra que su principio»[18]. El sentido de responsabilidad lleva también a aportar a la actividad lo mejor de uno mismo, con iniciativa, que incluye creatividad y capacidad de innovación, contrarias a la disposición pasiva o burocrática en el trabajo.

Son características de la responsabilidad en el trabajo, la iniciativa, el espíritu emprendedor, la visión de futuro y la capacidad de riesgo. En cambio, el estilo exclusivamente controlador, suele acarrear resultados pobres, si no es que acaba hundiendo los proyectos tarde o temprano. Cabe destacar que la capacidad de riesgo no solo se refiere a las decisiones o acciones personales,

---

[18] *Eclesiastés*, 7, 8.

121

sino también a la confianza que se deposita en los demás integrantes del equipo y, especialmente, en quienes se delegan las responsabilidades.

2. El *orden* es otro elemento fundamental en la madurez profesional, del que derivan abundantes beneficios, como contar con una buena organización con sentido de propósito, porque se sabe con claridad lo que se pretende y se ha sabido planear adecuadamente; evitar pérdidas de tiempo, porque se tiene claro lo que debe realizarse en cada momento; distribuir oportunamente las funciones de los distintos actores que intervienen; tener a la vista las tareas a realizar y priorizarlas jerárquicamente, evitando que lo urgente prevalezca sobre lo importante; mantener la serenidad, a pesar de que la actividad sea muy intensa; incluir el descanso como parte del trabajo para rendir más, etcétera.

Además, el orden es indispensable para situar el trabajo profesional adecuadamente en el conjunto de actividades personales y evitar tanto la polarización en la actividad laboral, que impediría atender otras obligaciones —familia, amistades, etcétera—, como la dedicación excesiva a diversos menesteres —*hobbies*, relaciones sociales, etcétera— y descuidar, en consecuencia, el trabajo que correspondería realizar.

3. La persona madura trabaja con *diligencia e intensidad*, enfocándose en la tarea que le compete llevar a cabo en cada momento, evitando la dispersión y aprovechando el tiempo lo mejor posible, sin dar cabida a la pereza que, como advierte Carlos Llano, «no es siquiera ninguna acción, sino la cesación de acción alguna [...]. En la pereza no es ni siquiera necesario querer, ni siquiera *querer que*

no: basta, insistimos, con *no querer*[19]. A veces, la pereza se disfraza de activismo, cuando se actúa por actuar, sin un rumbo claro en el trabajo. O puede consistir en la procrastinación, dejando las cosas para mañana. Quien es diligente no pospone los asuntos, aunque encierren dificultad, sino que los afronta con determinación y según la importancia que revistan.

4. La *constancia* es otra característica relevante en la forma de laborar, sabiendo mantener el esfuerzo en los proyectos emprendidos, sin desánimo ante las dificultades. Una señal, en cambio, de inmadurez sería el abandono de la tarea al aparecer los obstáculos y la tendencia a justificar ese modo de proceder, pensando que la decisión inicial fue un error o que las cosas estuvieron mal planeadas. Entre las dificultades que pueden presentarse están presentes los fracasos en el camino, que ordinariamente no deberían impedir seguir adelante, reaccionando con *resiliencia* para recuperarse y aprender de ellos.

Cuando el proceso para llegar a la meta propuesta es largo, puede aflorar el peligro de la *rutina*, ante la cual, la persona madura reacciona, renovando el esfuerzo y la ilusión por el proyecto. Vienen al caso aquellos versos de León Felipe, referidos al riesgo de incurrir en la rutina cuando, quien realiza la actividad, lo ha hecho muchas veces: «No sabiendo los oficios, los haremos con respeto. / Para enterrar a los muertos / como debemos, / cualquiera sirve, / cualquiera, menos un sepulturero». Tanto la constancia como la resiliencia forman parte de la virtud

---

[19] Carlos Llano, *Humildad y liderazgo: ¿necesita el empresario ser humilde?* (Ciudad de México: Herberto Ruz, 2004), 363.

123

cardinal de la *fortaleza*, de importancia primordial para la madurez integral y no solo profesional.

5. Indudablemente, la *calidad* en la forma de trabajar es un rasgo fundamental de madurez, que exige realizar el trabajo con competencia profesional y con una actitud de mejora continua. Esto supone mantenerse actualizado, según la actividad que se realice —sin permitir que el paso del tiempo genere incompetencia—, lo mismo que aprovechar y dominar la tecnología que favorezca la actividad en cuestión. El cuidado de los detalles suele ser un indicador de la calidad con que se trabaja, lo mismo que la capacidad de finalizar, sin dejar los procesos inconclusos. El trabajo bien hecho suele generar satisfacción, y la persona madura lo disfruta mientras lo realiza y no solo cuando consigue los resultados propuestos.

6. En la actividad profesional, el *criterio ético* es indispensable para que el trabajo alcance su cometido de perfeccionar al que lo realiza y a sus destinatarios en la sociedad. Por tanto, una evidente señal de inmadurez sería, por ejemplo, incurrir en la corrupción en cualquiera de sus formas. Para garantizar la orientación ética del trabajo, no basta con la buena voluntad o con la intención de actuar rectamente, sino que es preciso adquirir una formación que proporcione ese criterio éticamente seguro. De ordinario será oportuno acudir al consejo de quienes pueden ofrecer esa orientación, según la naturaleza de los asuntos.

7. Quien labora con las condiciones anteriores, generalmente obtiene buenos resultados en su trabajo, los cuales suelen traducirse en éxito profesional. Cuando esto ocurre, puede presentarse el peligro de que el *ego* se altere, por los resultados económicos, por los reconocimientos

que se reciben, por el poder y la influencia sobre los demás, desubicando a la persona, lo que ordinariamente se conoce como «perder el piso». La persona madura, en cambio, sabe *manejar el éxito*, manteniendo un comportamiento equilibrado, que en buena medida se apoya en el reconocimiento de que lo logrado no solo se debe al propio mérito, sino a quienes han colaborado con ella y, si tiene fe en Dios, a los talentos recibidos.

8. Otra señal de madurez profesional radica en la capacidad de *trabajar en equipo*, que se basa en el convencimiento de que las aportaciones de los demás enriquecen considerablemente la actividad laboral. El trabajo en equipo exige dejar a un lado el *ego*, olvidarse de sí mismo, concentrarse en la tarea a realizar y valorar a los demás integrantes. Cuando, por ejemplo, surgen puntos de vista contrarios a los propios, la madurez consistirá en no tomarlos de forma personal, no reaccionar con susceptibilidad, sino abrirse a la posibilidad de rectificar la propia opinión, atendiendo con interés al enfoque contrario, o incluso adherirse a lo que la mayoría piensa, aunque uno no esté de acuerdo. Aquí también se ve con claridad la importancia de manejarse con humildad, para evitar los protagonismos y actuar funcionalmente en el equipo.

En el trabajo en equipo, por tanto, actuar con madurez significa pretender los objetivos del grupo, antes que los personales, además de procurar aportar, a cada uno de los integrantes, aquello que les suponga mejora y crecimiento personal, porque en la medida en que se enriquezcan, su participación será más valiosa para el conjunto y para conseguir las metas propuestas. Este enfoque lleva a considerar las capacidades y fortalezas propias que no tienen los demás, para ponerlas al servicio de cada uno y, simultáneamente, estar abierto a recibir lo que el resto del equipo pueda aportar. De esta manera, el equipo se enriquece gracias a las contribuciones de todos.

9. La persona madura proyecta su trabajo *al servicio de otros* y no solamente en beneficio propio. En primer lugar, tiene presente cómo favorecer a los colaboradores más inmediatos, para que mejoren integralmente y, en segundo lugar, actúa con responsabilidad social, de manera que la actividad repercuta positivamente en la sociedad y, siempre que sea posible, suponga una ayuda a los más necesitados. Este enfoque se opone al individualismo y al consumismo que entrañan una orientación egocéntrica, propia de las personas inmaduras.

10. Finalmente, para los cristianos, si Dios ha creado al hombre para que trabajara, el trabajo no solo es algo bueno sino necesario —mientras puede realizarse— para cumplir la finalidad de la propia existencia. Desde el punto de vista espiritual, entonces, puede convertirse en *medio de santificación*, si se realiza con las disposiciones anteriormente mencionadas y se ofrece a Dios. Dicho de otra manera, el trabajo, así realizado, produce en la persona un efecto de mejora espiritual, que la identifica progresivamente con Cristo, al seguir su ejemplo, pues Él dedicó la mayor parte de su paso por la tierra a un trabajo ordinario.

126

MADUREZ PROFESIONAL

El trabajo es un medio privilegiado en el proceso de maduración, y contribuye de manera significativa a su desarrollo integral de las personas.

● **PROBLEMAS ACTUALES**

1. Inestabilidad laboral
2. Mujer y mundo laboral
3. Pérdida del sentido de responsabilidad
4. Adicción al trabajo: «Workaholics»
5. Ego y pragmatismo

● **RASGOS DE MADUREZ PROFESIONAL**

1. Responsabilidad
2. Orden
3. Diligencia e intensidad
4. Constancia
5. Calidad
6. Criterio ético
7. Manejar el éxito
8. Trabajar en equipo
9. Proyectar el trabajo al servicio de otros
10. El trabajo, medio de santificación

7.
MADUREZ INTERPERSONAL

A. Problemas actuales

En las últimas décadas han surgido dos fenómenos generalizados que impactan de forma profunda en lo sociocultural: una *pérdida de identidad* y una *crisis generalizada de confianza*. El fenómeno de pérdida de identidad es consecuencia de la *ola cultural global,* que sustituye lo local y lo original por formas estandarizadas, iguales para todo el mundo.[1] La crisis de confianza resulta de una identidad

---

[1] «Para decirlo en una frase: lejos de homogeneizar la condición humana, la anulación tecnológica de las distancias de tiempo y espacio, tiende a polarizarla. Emancipa a ciertos humanos de las restricciones territoriales a la vez que despoja al territorio, donde otros permanecen confinados, de su valor y su capacidad para otorgar identidad» Zygmunt Bauman, *La globalización. Consecuencias humanas*, trad. Daniel Zadunaisky (Ciudad de México: Fondo de Cultura Económica, 2016), loc. 27 de 171.

débil y grupos sociales poco cohesionados, en los que se sustituye el sentido del *nosotros* por el del *yo*. La confianza es esencial para lograr un ambiente de relaciones interpersonales profundas. Uno de los signos del tiempo actual es el salto a escena de lo que podríamos denominar la *sociedad de la desconfianza*, en la que impera el aislamiento sobre la convivencia y el egoísmo sobre la solidaridad[2].

Consecuencia de estos fenómenos es la *pérdida de capacidad para relacionarse con otros*, lo que dificulta el proceso de madurez interpersonal; esta pérdida se manifiesta de distintas formas, algunas de las más importantes son:

1. La nueva soledad

En 2015, la Universidad de Harvard publicó un estudio revelador, de gran duración. El estudio comenzó en la época de la Segunda Guerra Mundial. El objetivo era entender qué nos hace felices. Se escogieron poco más de setecientas personas: la mitad de la comunidad académica de Harvard y la otra mitad de uno de los barrios más pobres de la ciudad. Cada año se les entrevistó, también a sus familias y amistades, además de realizarles estudios médicos de todo tipo. Los resultados fueron significativos: las personas que vivieron más años y que fueron más felices, no parecían tener mayor éxito profesional,

---

[2] «No solidarizarse con el otro, sino evitarlo, separarse de él: tal es la gran estrategia de supervivencia en la megalópolis moderna. Tampoco es cuestión de amar u odiar al prójimo, sino de mantenerlo a distancia: así se anula el dilema y se vuelve innecesario elegir entre el amor y el odio» Bauman, loc. 65 de 171.

130

ingresos o salud, sino eran quienes tuvieron las mejores relaciones humanas. No precisamente en gran número, sino en calidad: relaciones familiares y de amistad[3].

Por contraste con esos resultados, hoy en día, cada vez más personas viven solas y tienen poca vinculación con su entorno. En España, por ejemplo, se estima que, en 2035, cerca de uno de cada tres hogares será unipersonal.

El tipo de hogar más frecuente en 2020 fue el formado por parejas, con o sin hijos, que supuso el 54 % del total. Atendiendo al número de hijos que viven con la pareja, en España había 3,91 millones de hogares formados por parejas sin hijos, 2,89 millones formados por parejas con un hijo y 2,76 millones por parejas con dos hijos. El número de parejas que vivían con tres o más hijos se situó en 562 200[4].

En México, cerca del 13 % de los hogares son unipersonales y el número va en aumento[5]. Independientemente de la soledad física, existe la vivencia de la *soledad psíquica*, propia de quienes se aíslan. Las causas del aislamiento son consecuencia de procesos de depresión y ansiedad. Para esta soledad no importa que se esté rodeado de gente, o

---

[3] Cfr. Robert WALDINGER y Marc SCHULZ, *The Good Life: Lessons from the World's Longest Scientific Study of Happiness* (New York: Simon & Schuster, 2023).

[4] «Encuesta Continua de Hogares (ECH) Año 2020», Nota de prensa, Censos de Población y Viviendas (España: Instituto Nacional de Estadística, 7 de abril de 2021), 06.

[5] Cfr. INEGI, «Población. Vivimos en hogares diferentes», Cuéntame de México. INEGI., 2022, https://cuentame.inegi.org.mx/poblacion/hogares.aspx.

131

en medio de una multitud: al no generar relaciones profundas con los demás, se está solo.

Una causa estructural de la soledad psíquica es el empleo de dispositivos electrónicos. «Cuando todo el mundo está pendiente de sus teléfonos, nos hacemos menos idea de lo que cada uno está experimentando. Sus experiencias están moldeadas por algoritmos remotos»[6].

2. Crisis del sentido de amistad

Según la encuesta *American Perspectives Survey* del *American Enterprise Institute*, de mayo de 2021, los estadounidenses manifiestan tener menos amistades que en las últimas tres décadas. Estados Unidos ya enfrenta una crisis de amistad. Esto significa que el estadounidense promedio no ha hecho un nuevo amigo en los últimos cinco años[7]. La *crisis del sentido de amistad* es común en muchos países, aunque no existe conciencia generalizada de ello. En el mundo, cada vez se generan menos amistades auténticas.

La crisis de amistad se ha convertido en un problema de salud pública. De acuerdo con *Fast Company*[8], la

---

[6] Jaron LANIER, *Diez razones para borrar tus redes sociales de inmediato*, trad. Marcos Pérez Sánchez (Barcelona: Debate, 2018), loc. 81 de 178.

[7] Casi uno de cada cinco estadounidenses no tiene conexiones sociales cercanas, un aumento de dos dígitos desde 2013. El 15 % de los hombres no tiene ninguna amistad cercana, un aumento de cinco veces desde 1990. Cfr. Daniel A. Cox, «The State of American Friendship: Change, Challenges, and Loss», *The Survey Center on American Life* (blog), 8 de junio de 2018, https://www.americansurveycenter.org/research/the-state-of-american-friendship-change-challenges-and-loss/.

[8] Cfr. Gwen MORAN, «We Need to Talk about Why so Many People Are Lonely», Fast Company, 2 de febrero de 2022, https://www.

132

soledad derivada de la falta de amistades está cada vez más extendida. Es tal la problemática que, en 2018, Reino Unido nombró a su primer *Ministro para la Soledad*. Japón también lo creó a principios de 2021; Australia, España, Alemania, Francia y Canadá han considerado la posibilidad de instaurarlo.

Diversos motivos parecen influir en la crisis de amistad. Sin embargo, tres son particularmente relevantes:

a) *La sustitución del trato presencial por el virtual*: el trato cada vez más extendido a través de pantallas, limita la confidencia y empatía, indispensables para el desarrollo de la amistad. La forma de trato en las denominadas redes sociales es rápida y fugaz. Dificulta la expresión de emociones e inhibe la intimidad.

b) *El aislamiento*: en muchas ciudades del mundo se han perdido espacios públicos amables donde las personas convivan, ya sea por la inseguridad o mala planeación urbana. La falta de espacios de convivencia produce que las personas se aíslen en su espacio privado, afectando el desarrollo de amistades.

c) *La falta de tiempo*: el estilo de vida acelerado, sin pausa, no deja espacio para dedicarlo al cultivo de amistades.

---

fastcompany.com/90717383/we-need-to-talk-about-why-so-many-people-are-lonely.

133

La crisis del sentido de amistad afecta la capacidad de relacionamiento con otros, dificultando el proceso de madurez interpersonal.

3. Cultura del odio

Un tema preocupante durante los últimos años es el crecimiento del odio a nivel global. El odio constituye un problema de salud mental, relacionado con rasgos de tipo fóbico y obsesivo. Las personas que odian sufren de una alteración en su capacidad de percepción y juicio.

En Estados Unidos, de 2014 a 2020, el número de delitos de odio a nivel nacional se incrementó casi 42 %. En España, el informe *Cartografía del odio*, reveló un aumento de la intolerancia religiosa y de los incidentes de odio al sexo de la víctima, que pasaron de 41 casos en 2016 a cerca de mil en 2018[9].

Semir Zeki y John Paul Romaya, neurobiólogos de la *University College London*, realizaron un estudio sobre el odio, pasión poco explorada desde el punto de vista científico. Evaluaron el cerebro de 17 personas, identificando los circuitos neurológicos empleados cuando se siente un intenso odio, nombrándolo el *circuito del odio*. Pero además de ayudar a conocer cómo es que se observa el cerebro, los investigadores descubrieron sorprendentemente que las regiones activadas por el odio, son las mismas que se iluminan cuando una persona experimenta el enamoramiento. Sin

___

[9] Cfr. Renew Europe, «Datos oficiales | Cartografía del odio», Cartografía del odio, 26 de octubre de 2021, https://cartografiadelodio.com/datos-oficiales/.

134

embargo, mientras el enamoramiento cierra los ojos a los defectos, el odio potencia las ideas negativas.

De acuerdo con este estudio el odio posee, de forma preocupante, gran capacidad de aprendizaje y de contagio. Es fácil de activar y muy difícil de controlar. Nos hace vulnerables y, sobre todo, manipulables[10].

En distintas sociedades a lo largo del mundo, están emergiendo ambientes polarizados que destruyen los vínculos entre las personas, lastimando los procesos de madurez interpersonal.

4. Debilitamiento del sentido de autoridad

Entre la segunda mitad del siglo XX y los primeros años del siglo XXI, la sociedad occidental perdió la adecuada comprensión del sentido de autoridad. La autoridad bien entendida es un elemento indispensable para el desarrollo personal y social. Transitamos de un sentido autoritario de la educación y la dinámica social, en los años de la postguerra, a la condena y desaparición de la idea de autoridad en el momento presente. El autoritarismo, característico de la generación que vivió la Segunda Guerra Mundial —llamada *silenciosa*—, generó una fuerte reacción en sus hijos, la generación *baby boomer*, representada en los movimientos socioculturales de 1968[11].

---

[10] Cfr. Semir ZEKI y John Paul ROMAYA, «Neural Correlates of Hate», ed. Jan Lauwereyns, *PLoS ONE* 3, n.º 10 (29 de octubre de 2008): e3556, https://doi.org/10.1371/journal.pone.0003556.

[11] Según Norbert Elias, los padres sufren hoy una *confusión de papeles*.Cfr. Norbert ELIAS, *El proceso de la civilización: Investigaciones sociogenéticas y psicogenéticas*, trad. Ramón García Cotarelo (Ciudad de México: Fondo de Cultura Económica, 2016).

La crisis de autoridad en los padres ha centrado la educación de sus hijos en herramientas estrictamente *cognitivas* (les importa que sepan computación, idiomas y que tengan roce internacional, en la medida de lo posible), pero ha dejado de lado la *formación del carácter*, que incluye rasgos como la honestidad, la integridad y el autocontrol. Los niños y adolescentes que sufren la crisis de autoridad, suelen pagar una factura alta en términos de obesidad, medicación, rezago escolar y fragilidad. De acuerdo con Hanah Arendt:

Hay un mundo y una sociedad infantiles, ambos autónomos, por lo cual deben ser entregados a los niños para que los gobiernen. Los adultos solo están ahí para ayudar en ese gobierno. La autoridad que dice a cada niño qué tiene que hacer, y qué no, reside en el propio grupo infantil, lo que entre otras consecuencias produce una situación en la que el adulto, como individuo, se encuentra inerme ante el niño y no establece contacto con él. Solo le puede decir que haga lo que quiera y después evitar que ocurra lo peor[12].

5. Deterioro del diálogo

En las últimas dos décadas se ha deteriorado la capacidad de diálogo en diversas sociedades a lo largo del mundo. El diálogo supone compartir con los demás una parte del propio ser, construye puentes entre las personas y es

---

[12] Hannah ARENDT, «La crisis en la educación», en *La pluralidad del mundo*, trad. Joaquín Chamorro Mielke (Barcelona: Taurus, 2019), locs. 5189-5196 de 8747.

136

presupuesto necesario de la construcción social. Con razón puede afirmarse que el nivel de civilización es directamente proporcional al nivel de capacidad de diálogo.

El deterioro del diálogo es un riesgo que dificulta los procesos de madurez interpersonal. Las causas del deterioro son variadas; cuatro son particularmente relevantes:

a) *Pérdida de lenguaje y comprensión*: la dinámica cultural ha significado la pérdida de palabras y significados. Si el idioma español tiene más de 88 000 palabras distintas, una persona culta utiliza alrededor de 3000 y los jóvenes alrededor de 300 entre las que se incluyen groserías y el uso de *emoticones*[13].

b) *Brecha intergeneracional creciente*: los paradigmas y valores propios de las generaciones *baby boomer, X, millennial* y *centennial* han sido cada vez más lejanos, dificultando la comprensión necesaria para el diálogo.

c) *Procesos de muticulturalidad*: la globalización y los procesos de migración crean la emergencia de comunidades multiculturales que dificultan la compresión entre las personas.

d) *Creciente polarización*: el ambiente actual forja una cultura de la polarización, en la que el otro se convierte siempre en sospechoso, lo que impide el desarrollo de un clima de confianza que afecta la capacidad de diálogo.

---

[13] Cfr. Iraís HERNÁNDEZ S. y Pilar VIVAR V., «El léxico en jóvenes: una exploración diacrónica», *Interpretextos*, 2009.

137

En ese sentido, podría señalarse que el mayor problema de la sociedad actual es que justamente no se comporta como tal; esto es, como un conjunto de personas relacionadas por distintos vínculos, sino como la coincidencia de personas en un mismo espacio, pero desconectadas entre sí.

B. Características generales
de madurez interpersonal

Toda persona humana tiene necesidad de relacionarse con los demás, para complementarse y resolver muchas de sus necesidades, ya que no es autosuficiente. Las relaciones interpersonales, por tanto, ayudan a crecer y desarrollarse con las aportaciones de los demás, en todos los ámbitos de la vida —material, intelectual, espiritual, etcétera—; protegen contra la soledad, que es una de las situaciones más duras de la existencia; llenan el corazón, mediante los afectos que se reciben. Pero también posibilitan actualizar la capacidad de amar y servir a los demás, que juega un papel esencial en el perfeccionamiento de todo ser huma-no y lo conduce a su verdadera felicidad.

Según esto, la madurez interpersonal requiere tanto la disposición para recibir las aportaciones del otro, como la acción de ofrecer a los demás lo que uno pueda apor-tarles. Y en ambos casos, resulta necesario contar con las habilidades que lo hagan posible, ya que de lo contrario las relaciones quedarían frustradas. Cuando alguien no se relaciona bien con los demás, porque no establece una buena comunicación, porque genera conflicto o porque solo pretende aprovecharse de lo que el otro le pueda ofrecer, manifiesta inmadurez en este ámbito.

138

También habrá que decir que, si bien la capacidad para relacionarse con muchas personas manifiesta madurez, más importante aún es ser capaz de establecer relaciones profundas con los demás. La habilidad para las relaciones públicas es muy laudable, pero las relaciones personales hondas encierran mayor riqueza desde el punto de vista antropológico: permiten dar y recibir contenidos más valiosos.

Señalamos a continuación los rasgos de una persona madura en sus relaciones interpersonales, con la advertencia de que la enumeración no será exhaustiva.

C. Rasgos de madurez interpersonal

1. La capacidad de *comunicación* es ordinariamente el punto de partida del que dependen las relaciones interpersonales. Muchos problemas derivan tanto de la falta de comunicación, necesaria para entender los asuntos o realizar actividades, como de la mala comunicación, que origina malos entendidos y, tantas veces, hace pensar en algo muy distinto de lo que el interlocutor pretendía transmitir. La madurez, por tanto, incluirá las condiciones requeridas para que la comunicación sea adecuada (tanto en el contenido como en la forma de comunicar). Para acertar en la comunicación del contenido es indispensable tenerlo claro, es decir, entender bien lo que se quiere transmitir. Cuando alguien expresa que sabe algo, pero no lo puede explicar, normalmente es porque no lo acaba de comprender. Y en cuanto a la forma, es fundamental que las palabras respondan realmente a lo que se desea comunicar, lo cual exige que el lenguaje esté a la altura del contenido, de manera que si, por ejemplo, lo

que se desea transmitir es algún tema especializado o de mayor profundidad, será indispensable conocer los términos apropiados para expresarlo.

Una cualidad que incluye ambos aspectos —el contenido y la forma— es la *asertividad*, que consiste en «decir lo que tengo que decir, a quien lo tengo que decir y cuando lo tengo que decir», así como la forma en que debo expresarlo, para que la comunicación sea precisa y oportuna. Como la comunicación tiene unos destinatarios, la retroalimentación por parte de ellos suele ayudar a mejorar el modo de comunicar. También es importante «validar» lo que se ha transmitido, cerciorándose de qué fue lo que el otro entendió a partir de lo comunicado.

2. El *diálogo* es comunicación recíproca entre dos personas que, cuando se vive a fondo, manifiesta muy claramente la madurez interpersonal, porque establece unas conexiones llenas de riqueza entre los interlocutores. Las condiciones que posibilitan un buen diálogo abarcan ambas direcciones: la transmisión de lo que se desea hacer partícipe al otro, y la recepción de su mensaje. Lo primero requiere proceder con sinceridad y transparencia, para que el contenido expresado responda a la verdad de lo que se piensa y el otro pueda percibirlo de esa manera. Las palabras de Jesús en el Evangelio, «que tu sí sea sí y tu no sea no», subrayan esta exigencia. Ciertamente convendrá cuidar la forma de expresarse evitando, por ejemplo, actitudes dogmáticas o impositivas, tomando en cuenta la manera de pensar del otro y el conocimiento que tenga del tema a tratar, para respetarla en todo momento y facilitarle que pueda disentir con toda libertad.

Por lo que se refiere a la recepción, lo primero a cultivar es el arte de escuchar, menos frecuente de lo que ordinariamente se piensa. La escucha requiere, aunque resulte redundante, «escuchar para escuchar», es decir, sin ninguna otra intención que enterarse puntualmente de lo que el otro quiere decir. Cuando se escucha con alguna otra intención —para expresar a continuación lo que uno piensa, para ofrecer un consejo, etcétera—, se le suele quitar peso al contenido de lo que la otra persona desea transmitir. En cambio, una escucha acertada expresa interés en lo que el otro está diciendo, se le hace sentir que se valoran sus puntos de vista y esto le facilita que se exprese sin restricciones. Unido a esto es pertinente asumir una actitud de apertura para escuchar al otro sin prejuicios y con el convencimiento de que siempre me puede aportar algo valioso.

3. Una manifestación de madurez interpersonal, que en buena medida fundamenta la relación con los demás, consiste en el sincero *interés por el otro*, por su bien, que muchas veces requiere la renuncia a uno mismo, para priorizar sus requerimientos. Esto equivale al amor, opuesto al egoísmo de colocar el propio *yo* antes que el *tú* de los demás. Ese interés lleva a tener en cuenta a la otra persona por sí misma, darle su lugar, respetarla y desear para ella lo mejor. En cambio, uno de los síntomas más claros de inmadurez es vivir centrado en el propio ego, relegando a los demás.

4. Una concreción del amor, especialmente relevante y que expresa de manera privilegiada la madurez interpersonal, es la *amistad*. Se distingue del amor en general, porque exige reciprocidad, es decir, que exista la intención de buscar el bien del otro por ambas partes ya que, si

141

faltara una de ellas, se podría hablar de amor procedente de la otra, pero no de amistad. Aunque todo mundo valora la amistad y desearía tener amistades, no siempre resulta fácil conseguirlo. Las condiciones que deben cumplirse para la verdadera amistad son varias: que exista afinidad subjetiva, que consiste en la comunicación y el intercambio de sentimientos, y que proporciona carácter personal a la relación; afinidad objetiva, que requiere compartir intereses comunes entre los amigos, y que además posean calidad para que la relación se enriquezca; y, finalmente, el sincero interés por el amigo, que busca su bien en todo lo que se le pueda apoyar, y que exige generosidad para sacrificarse por él, cuantas veces sea preciso[14].

Un aspecto que resulta oportuno destacar, como señal de madurez en la amistad, es que los éxitos y buenos resultados del amigo generan alegría, lo cual es exactamente lo contrario a lo que ocurre con la envidia. Por tanto, entre los auténticos amigos la envidia no debe existir.

5. Para establecer una buena relación interpersonal, la *comprensión* resulta indispensable. Comprender al otro significa conocerlo desde dentro de sí mismo, desde su interioridad, para entender su comportamiento en sus diversas manifestaciones. De lo contrario, si no se capta ese núcleo íntimo de la persona, su conducta se observa como un conjunto de múltiples acciones, sin entender su procedencia que explicaría su unidad, y se queda, por tanto, en un conocimiento superficial del otro. Captar la interioridad de alguien, para comprenderlo integralmente,

---

[14] Cfr. Francisco UGARTE CORCUERA, *El arte de la amistad* (Madrid: Rialp, 2014).

142

incluye tanto el ámbito racional —sus ideas, sus esquemas mentales, etcétera— como su mundo emocional.

La comprensión racional no consiste solamente en entender qué piensa el otro, sino en conocer por qué piensa así —lo cual exige el esfuerzo de profundizar en el origen de sus paradigmas o esquemas mentales para captar cómo percibe el mundo— y por qué tiene esa visión. En el terreno emocional, que juega un papel determinante en la personalidad y en el comportamiento de cualquier persona, se requiere no solo comprender intelectualmente sus emociones y sentimientos, sino *sentir* de alguna manera lo que el otro siente, para captar lo que está viviendo. A esta capacidad de leer y sentir las emociones de los demás, y reaccionar positivamente ante ellas, se le llama *empatía*, que es tarea de la inteligencia emocional y de la inteligencia social. Supone también la exigencia de salir de uno mismo para colocarse, de verdad, «en los zapatos del otro».

6. La *tolerancia*, que es «Respeto a las ideas, creencias o prácticas de los demás cuando son diferentes o contrarias a las propias» (RAE), será otro signo importante de madurez interpersonal, que favorece la convivencia pacífica. Tolerar no significa ceder en las propias convicciones y principios, sino aceptar las diferencias con el otro, sin que ello genere conflicto. Es incluso válido transmitir las propias ideas con convencimiento, ofreciendo al otro la posibilidad de hacerlas suyas, pero sin imponerlas. Esto ha de comenzar con las personas más cercanas, en la propia familia —los esposos entre sí, los padres con los hijos y viceversa—, con los amigos —las diferencias muchas veces son fuente de enriquecimiento en la amistad—, y con quienes se tiene una

143

relación profesional estrecha, para aprovechar sus aportaciones, sin descalificarlas de entrada.

La tolerancia abarca muchos campos, de manera que puede hablarse de: tolerancia cultural, para aceptar la diversidad de enfoques; tolerancia política, que permite debatir con respeto; tolerancia religiosa, que evita el fanatismo y la imposición de creencias; tolerancia sexual, que implica aceptar a las personas, aunque no se esté de acuerdo con las prácticas de sus preferencias, etcétera. Ciertamente la tolerancia tiene límites, marcados por el sentido común: aceptar que alguien agreda y haga daño a otros, o permitir que se impongan medidas injustas o arbitrarias a la sociedad, evidentemente se saldría de los límites de la tolerancia.

7. Otra manifestación de madurez interpersonal, que evita muchos y frecuentes problemas en las relaciones humanas, es la *ausencia de susceptibilidad* ante las ofensas, contraria a esa tendencia tan actual —potenciada por las redes sociales— de sentirse agredido por hechos insignificantes o incluso imaginarios. Esta susceptibilidad puede derivar en una hipersensibilidad enfermiza, que hace a las personas intocables y que dificulta enormemente las relaciones humanas. Si cualquier cosa puede interpretarse como ofensa personal, el conflicto aflora de inmediato, y no se tiene capacidad para sobreponerse y entenderse con el otro. Frecuentemente esas reacciones se convierten en resentimientos, que consisten en volver a sentir, una y otra vez, la supuesta ofensa recibida,[15] con lo que quien los padece se amarga la vida y, consecuentemente, su relación con los

---

[15] Cfr. UGARTE CORCUERA, *Del resentimiento.*

144

demás queda viciada. La persona madura, en cambio, sabe superar y colocar en su sitio las posibles ofensas que recibe, sin alejarse de los demás, y desde luego no permite que su imaginación y emotividad la compliquen.

8. La madurez en este ámbito interpersonal también se manifiesta en la *versatilidad* o *flexibilidad* para adaptarse a la manera de ser de los demás, que muchas veces puede diferir considerablemente de nuestro propio modo de ser, por personalidad, temperamento, educación o costumbres. La dificultad, para ser versátil, puede tener su origen en la inseguridad, porque se teme, muchas veces inconscientemente que, si se cede en algo, se pierde autoridad, respeto o incluso autoestima, cuando lo normal será que ocurra lo contrario.

Cabría pensar que el paso del tiempo favorece naturalmente la versatilidad, como ocurre ordinariamente en otros campos de la madurez. Sin embargo, no suele ser así, porque el transcurrir de la vida muchas veces genera opiniones más definidas, convicciones más firmes, esquemas más acabados, que pueden inducir a la rigidez en el propio modo de ser y, consecuentemente, a la pérdida de flexibilidad para adaptarse a los demás, hasta acabar descalificándolos por no asimilarse a los paradigmas personales. Por tanto, el camino para madurar en este punto requerirá una vigilancia permanente para conservar la apertura de mente que lleve a la adaptación a otras personas y, especialmente, a aquellas con las que corresponde convivir de manera más estrecha: los padres con los hijos, los profesores con sus alumnos, los jefes con sus subordinados, etcétera. Y, al mismo tiempo, mantener claridad en los temas de fondo para ayudar a aquellos con los que hay que ser flexibles, a que mejoren o corrijan sus formas de ser o comportarse.

9. Todo ser humano tiene necesidad de experimentar la confianza de los demás y, especialmente, de las personas más cercanas. Cuando esto ocurre, se emplea mejor la libertad, se procede con mayor convicción y se alcanzan metas más altas. La persona madura sabe *confiar en los demás* y *hacerles sentir la confianza*. Ambas aptitudes son esenciales, porque si se confía en el otro y este no lo nota, el efecto positivo no se desencadena; y si no se confía en él, pero se procede como si se confiara para que lo note, aquella forma de proceder resultaría falsa y, tarde o temprano, el destinatario lo advertiría, con lo que el resultado sería contraproducente.

Existen personas que parecen ser desconfiadas por naturaleza, tal vez por malas experiencias que hayan tenido en su vida o sencillamente por inseguridad personal. La confianza en el otro no es algo irracional, sino que se apoya en un conocimiento suficiente de él y de las tareas de que se trate. Pero, al conocer a cada persona, hay que dar especial peso a sus fortalezas y posibilidades, para confiar en ella con más facilidad. Confiar en alguien comporta siempre algún riesgo, pero ordinariamente produce mayores frutos. El ejemplo de Jesús, que confía en Pedro, después de que este lo negó tres veces, a pesar de haber sido advertido, resulta muy elocuente.

10. Una actitud que enriquece mucho las relaciones interpersonales y manifiesta la madurez es la *gratitud*, que consiste esencialmente en reconocer los bienes o beneficios que se reciben, del tipo que sean. De este reconocimiento deriva la acción de agradecer y también el deseo

146

de corresponder al don recibido, venga de quien venga. La persona agradecida suele vivir contenta y su alegría se contagia a los demás, lo cual favorece considerablemente las buenas relaciones. En el fondo de estas personas está la disposición de humildad que las lleva a dar poca importancia a su ego y a valorar mucho a los demás, de manera que lo que reciben de ellos, lo perciben como un regalo y lo agradecen. Especial importancia tiene la gratitud en la relación con Dios, de quien proceden, en última instancia, como bien lo sabemos los creyentes, todos los bienes que recibimos.

MADUREZ INTERPERSONAL

Las relaciones interpersonales ayudan a crecer y
desarrollarse con las aportaciones de los demás, en todos
los ámbitos de la vida –material, intelectual, espiritual,
etcétera–; protegen contra la soledad y llenan el corazón,
mediante los afectos que se reciben. También posibilitan
actualizar la capacidad de amar y servir a los demás.

● PROBLEMAS ACTUALES

1. La nueva soledad
2. Crisis del sentido de amistad
3. Cultura del odio
4. Debilitamiento del sentido de autoridad
5. Deterioro del diálogo

● RASGOS DE MADUREZ INTERPERSONAL

1. Capacidad de comunicación y asertividad
2. Diálogo
3. Sincero interés por el otro
4. Amistad
5. Comprensión y empatía
6. Tolerancia
7. Ausencia de susceptibilidad
8. Versatilidad o flexibilidad
9. Confiar en los demás y hacerles sentir la confianza
10. Gratitud

148

8.
MADUREZ SOCIAL

A. Problemas actuales

Desde hace algunos años, la convivencia social ha sufrido transformaciones profundas originadas por fenómenos no previsibles: el nuevo modo de relacionarnos a través de medios digitales, los cambios en la estructura familiar, la crisis de los modelos educativos, el aumento de la desigualdad, de la polarización y la violencia[1].

Las transformaciones son de tal profundidad, que no se plantea una época de cambios, sino un verdadero cambio de época: una sociedad que modifica su cosmovisión y altera de forma inédita la convivencia. Las características de la nueva sociedad se manifiestan por maneras distintas de valorar el papel de los demás en la propia vida,

---

[1] Cfr. Geoffrey Pleyers, *Alter-Globalization: Becoming Actors in the Global Age* (Cambridge, UK: Polity, 2010).

149

la forma de relacionarnos, el modelo de la institución familiar e, inclusive, la salud[2].

El cambio de época es de tal envergadura que semeja a lo ocurrido en la caída del Imperio Romano o el surgimiento de la Modernidad en el siglo XVI. Desde hace más de 30 años ya se entreveía el agotamiento de la Modernidad, planteándose el de una era todavía sin nombre propio: la *Posmodernidad* (lo que está después de la Modernidad). Hoy tenemos más claridad sobre lo que Alessandro Baricco denomina una *revolución mental*[3].

Algunos de los problemas relevantes de este cambio de era, son los siguientes:

1. Individualismo

El final de la década de 1980 fue de grandes cambios en el mundo. La caída de la llamada *Cortina de Hierro* llevó a pensar en la democracia liberal como la última y definitiva etapa del devenir histórico. En 1992, Francis Fukuyama publicaba su influyente obra *El fin de la historia y el último hombre*, que expresaba la tesis de que la historia —como lucha de ideologías— había terminado y el mundo alcanzaba un final definitivo, basado en la democracia liberal[4].

---

[2] Cfr. Perry ANDERSON, *Los orígenes de la posmodernidad*, trad. Luis Andrés Bredlow Wenda (Madrid: Ediciones Akal, 2016).

[3] Alessandro BARICCO, *The Game*, trad. Xavier González Rovira, Colección Argumentos (Barcelona: Anagrama, 2019), loc. 18 de 237.

[4] Cfr. Francis FUKUYAMA, *The End of History and the Last Man* (UK: Penguin Random House, 2020).

150

A partir de este evento, inició una nueva etapa en el mundo marcada por el denominado *Consenso de Washington* que significó la privatización, la relajación del control estatal en muchos países y un gran impulso a la globalización[5]. Si bien durante los años posteriores esta etapa se fue agotando, dejó una huella sociocultural profunda: el crecimiento del individualismo. El fomento de la libertad individual y el libre mercado impactaron a países que, originalmente, poseían culturas más colectivas. Un ejemplo es el caso mexicano: la revista *Nexos*, en su edición de enero de 2011, publicó un estudio, que fue actualizado en los años de 2018 y 2023, señalando que los resultados

arrojan varias sorpresas. La primera es el profundo individualismo. En proporción abrumadora, los mexicanos creen en sí mismos más que en el país donde viven. Todo o casi todo lo esperan de su propio esfuerzo, poco o nada de la calidad política, económica o social de la nación que han construido[6].

Sin embargo, si bien es cierto que el individualismo se acentuó a nivel global en las últimas décadas, impactando muchos ámbitos de la convivencia humana, se trata

---

[5] El denominado *Consenso de Washington* es un término, acuñado en 1989, por el economista John Williamson para referirse a un conjunto de diez políticas económicas, promovidas como un paquete de reformas para países en desarrollo, afectados por crisis financieras. Cfr. Juan Carlos MORENO-BRID, Esteban PÉREZ CALDENTEY, y Pablo RUIZ NÁPOLES, «El Consenso de Washington: aciertos, yerros y omisiones», *Perfiles latinoamericanos* 12, n.º 25 (junio de 2004): 149-68.

[6] Guido LARA y Jorge ROCHA, «El mexicano ahorita: Retrato de un liberal salvaje», *Nexos*, 1 de febrero de 2011.

151

de un fenómeno que inició en el siglo XIX. Un estudio realizado a gran escala en el año de 2015 y publicado en la revista científica *Psycological Science*, demuestra que el individualismo no ha dejado de crecer en los últimos 150 años y que se asocia al crecimiento de los denominados *trabajos de oficina*, en contraposición a los *trabajos manuales*. Desde 1860, las familias son cada vez más pequeñas; los ingresos intergeneracionales (padres, hijos o abuelos cooperan para la renta familiar disponible) son cada vez menos frecuentes, y el uso de vocabulario individualista (libertad, liberalismo, albedrío, individuo) ha aumentado, desde entonces. Asimismo, ha ido desapareciendo gradualmente la tendencia a poner nombres de los padres o abuelos, a los recién nacidos —lo que apunta a la emancipación de los condicionantes familiares—, tendencia que en la actualidad se ha agudizado[7].

2. Aumento de la desigualdad

Es paradójica la historia del mundo desde principios del siglo XX: si con los estándares actuales de medición de la pobreza, valoráramos la situación en el año 1900, nos encontraríamos que el 82 % de la población mundial vivía en condiciones de precariedad, en el año 2000 era de casi el 30 % y en el año 2015 de menos del 10 % y, sin embargo, vivimos uno de los momentos de mayor insatisfacción colectiva de que se tenga memoria.

---

[7] Henri C. SANTOS, Michael E. W. VARNUM, y Igor GROSSMANN, «Global Increases in Individualism», *Psychological Science* 28, n.º 9 (1 de septiembre de 2017): 1228-39, https://doi.org/10.1177/0956797617700622.

152

Nunca había existido tanta riqueza acumulada en el mundo: la reducción de la pobreza es inédita para cualquier otro período de la historia, yendo además de la mano de una explosión demográfica igualmente inédita[8]. Sin embargo, tampoco se observaba un aumento tan grande de la desigualdad y la percepción que de ella se tiene en grandes núcleos de población. En su famosa obra *El capital en el siglo XXI*, Thomas Piketty señala que, en este siglo, el valor del capital se ha colocado por encima del valor del trabajo, produciendo grandes desigualdades[9].

El crecimiento de la desigualdad se acompaña de una mayor percepción de ella, generada entre otros motivos por la globalización, el mayor acceso a la información, las redes sociales y los modelos de vida de personalidades conocidas. La percepción de desigualdad afecta a distintos sistemas políticos a lo largo del mundo, aumentando

---

[8] Cfr. Comisión Económica para América Latina y el Caribe, *La Agenda 2030 y los Objetivos de Desarrollo Sostenible: una oportunidad para América Latina y el Caribe. Objetivos, metas e indicadores mundiales* (Santiago, Chile: Comisión Económica para América Latina y el Caribe, 2019), https://www.cepal.org/es/publicaciones/40155-la-agenda-2030-objetivos-desarrollo-sostenible-oportunidad-america-latina-caribe.

[9] "(…) Cuando la tasa de rendimiento del capital supera de modo constante la tasa de crecimiento de la producción y del ingreso —lo que sucedía hasta el siglo XIX y amenaza con volverse la norma en el siglo XXI—, el capitalismo produce mecánicamente desigualdades insostenibles, arbitrarias, que cuestionan de modo radical los valores meritocráticos en los que se fundamentan nuestras sociedades democráticas (…)" Thomas PIKETTY, *El capital en el siglo XXI*, trad. Eliane Cazenave-Tapie Isoard et al. (Ciudad de México: Fondo de Cultura Económica, 2014), loc. 14 de 862.

el populismo y poniendo en riesgo la subsistencia de la democracia liberal[10].

3. Polarización

La polarización política y social se ha vuelto un signo de los tiempos. Las causas del crecimiento de este fenómeno son variadas, pero destacamos cuatro relevantes: el internet (por el anonimato desinhibitorio en el que se desenvuelve); la proliferación de videojuegos violentos; los discursos políticos y la contaminación del lenguaje y la cultura (por el mayor empleo de palabras y símbolos de odio).

El motor de la polarización es el odio que, como ya se ha mencionado, ha sido una pasión poco estudiada que, en últimas fechas, ha llamado la atención por su crecimiento exponencial. Estudios como *Cartografía del odio* en Europa o los del profesor Zeki de la Universidad de Londres, comienzan a proporcionarnos una idea más clara del tema.[11]

El odio que conduce a la polarización es una pasión compleja que no debe confundirse con la ira, el resentimiento, el rencor, el asco o la envidia. De acuerdo con el *Diccionario de la Real Academia*, el odio es la "(...) antipatía y aversión hacia algo o hacia alguien cuyo mal se desea (...)". La presencia cotidiana del odio ha supuesto

---

[10] Cfr. *World Inequality Report 2022* (World Inequality Lab & Harvard University Press, 2022), https://doi.org/10.2307/j.ctv3006zpt. Este informe anual analiza la distribución de la riqueza a nivel global y proporciona evidencia empírica sobre el aumento de la desigualdad en diferentes regiones y países

[11] ZEKI y ROMAYA, «Neural Correlates of Hate».

154

que las generaciones *centennial* y *alfa* lo hayan convertido en una forma ordinaria de relacionarse con los demás, lo que ha tenido como consecuencia la polarización.

La polarización genera violencia, como puede apreciarse en el aumento de esta en sus distintos ámbitos y facetas (familiar, contra la mujer, *bullying*, *ciberacoso*, homicidios, etcétera).

4. Desintegración familiar

En las últimas décadas se ha producido un cambio social de grandes dimensiones: la desintegración de la institución familiar, sustituida por otros modelos de convivencia en todo el mundo. Los factores que han llevado a este fenómeno son variados; sin embargo, destacan cuatro: la caída de la tasa de matrimonios; el aumento de la tasa de divorcios; la caída de la tasa de natalidad, y la emergencia de nuevas formas de convivencia.

En lo que se refiere a la tasa de matrimonios, las nuevas generaciones tienen una menor expectativa de esa vía como proyecto de vida. En países como México, la tasa de matrimonios registrados en 2021 fue menos de la mitad que 20 años atrás; por otro lado, la edad promedio a la que se contrae matrimonio también ha aumentado al pasar de 29,4 años en hombres y 26,6 años para mujeres en 2012, a 33,4 y 30,5, respectivamente, en 2021[12]. En España, la tendencia a la soltería también ha aumentado,

---

[12] INEGI, «Población. Matrimonios y divorcios», Cuéntame de México. INEGI., 2023, https://cuentame.inegi.org.mx/poblacion/myd.aspx?tema=P.

especialmente entre las mujeres; entre 2001 y 2022, el número de solteras entre 30 y 40 años aumentó al doble: de 770 000 a 1,4 millones. En lo que se refiere al matrimonio religioso, en 2009 fueron el 45 % del total, mientras que en 2019 fue de tan solo el 21 %; además, en el año 2021, según datos del Instituto Nacional de Estadística (INE), el 49,3 % de los niños nacidos en España fueron hijos de madres no casadas[13], en contraposición al 2 % registrado en 1975[14].

En lo tocante al porcentaje de divorcios, el aumento ha sido continuo en todo el mundo; cada vez se percibe menos el compromiso que implica el contraer matrimonio. En México, por ejemplo, en 2011, por cada 100 matrimonios hubo 16 divorcios, mientras que en 2021 fue de poco más del doble: 33 divorcios por cada 100 matrimonios[15].

Como puede comprenderse, el menor número de matrimonios y el mayor de divorcios, ha contribuido de forma relevante a la caída de la tasa de natalidad. La fecundidad se redujo a nivel global de cinco nacimientos por mujer en 1950, a 2,3 en 2021[16]. Igualmente, el

---

[13] Cfr. INE, «Indicadores de Fecundidad. Resultados nacionales: Proporción de nacidos de madre no casada según nacionalidad (española/extranjera) de la madre.», INE, 2022, https://www.ine.es/jaxiT3/Tabla.htm?t=1410&L=0.

[14] Cfr. Mónica MENA ROA, «Infografía: Ya nacen más hijos de madres solteras que de casadas en España», Statista Daily Data, 30 de noviembre de 2023, https://es.statista.com/grafico/29625/evolucion-anual-del-porcentaje-de-nacidos-de-madre-no-casada-en-espana.

[15] Cfr. INEGI, «Población. Matrimonios y divorcios».

[16] Cfr. «Informe sobre el Estado de la Población Mundial 2023», SWP (Fondo de Población de las Naciones Unidas, 2023), https://www.unfpa.org/es/swp2023/too-few.

156

debilitamiento de la familia basada en el matrimonio origina nuevas formas de convivencia contrarias a la familia bien integrada.

5. Crisis del modelo educativo

La pandemia COVID-19 provocó una crisis profunda en los modelos educativos de todo el mundo, desde preescolar hasta superior. Tan solo en México, en el ciclo escolar 2020-2021, más de cinco millones de estudiantes abandonaron el sistema educativo[17]. Esto ha llevado a replantear la educación hacia el futuro.

Ya desde antes de la pandemia se venía cuestionando el modelo educativo. Los últimos años tuvieron procesos de revisión en todo el mundo[18]. Durante el siglo xx, el paradigma que primó fue el de entender la educación como transmisión de conocimientos, de información útil que permitiera a los estudiantes desempeñarse adecuadamente en la *praxis* laboral. Se trató de un enfoque utilitarista que, si bien impulsó la alfabetización y preparación práctica, dejó de lado aspectos formativos relevantes en el desarrollo de la persona, como la capacidad de resolver

_____

[17] Cfr. INEGI, «Comunicado de Prensa: Resultados de la encuesta para la medición del impacto COVID-19 en la educación (ECOVID-ED) 2020» (México, 23 de marzo de 2021), https://www.inegi.org.mx/contenidos/saladeprensa/boletines/2021/OtrTemEcon/ECOVID-ED_2021_03.pdf.

[18] Cfr. Montserrat Vargas Vergara y Lourdes Aragón, *Los Objetivos de Desarrollo Sostenible: hoja de ruta en la educación del siglo XXI. Innovación docente en la formación de profesionales*, Primera edición, Colección Octaedro Universidad (Barcelona: Octaedro, 2021).

157

problemas, desempeñarse bajo presión, el fomento de actitudes y valores.

Al paso del tiempo, los resultados de la visión utilitarista de la educación se quedaron cortos en términos de la promesa ofrecida: egresados con poca capacidad de resolver problemas, profesionistas técnicamente bien preparados, pero sin habilidades de socialización o personas sin visión ética clara. A ello habría que sumar la falta de capacidades para enfrentar los desafíos de la *Cuarta Revolución Industrial* y la *Inteligencia Artificial*[19].

Además de lo anterior, dos factores han impactado en la educación de niños y adolescentes: los retrocesos que ha implicado la educación *online* —acrecentada desde la pandemia— y el papel que han asumido los padres de las nuevas generaciones.

En lo que toca a los retrocesos por educación *online*, distintos estudios revelan la pérdida de capacidades cognitivas, emocionales, de socialización e inclusive físicas. A tal grado que un país pionero en educación, como Suecia, se encuentra debatiendo el empleo de pantallas en educación básica[20].

Un aspecto de particular relevancia en la crisis del modelo educativo actual, es el de su resultado en términos de fragilidad en los hijos, originado por la ausencia de los padres: por un lado, la generación actual de padres ha

---

[19] Cfr. Richard SUSSKIND y Daniel SUSSKIND, *El futuro de las profesiones: cómo la tecnología transformará el trabajo de los expertos humanos*, trad. J. C. Ruiz Franco (España: Teell Editorial, 2016).

[20] Cfr. Regina DE MIGUEL, «Pantallas en el aula: Suecia no las va a prohibir», Noticias, Educación 3.0, 16 de junio de 2023, https://www.educaciontrespuntocero.com/noticias/pantallas-aula-suecia/.

158

abandonado el tiempo de convivencia con sus hijos, y por otro ha buscado sobreprotegerlos para evitarles el dolor.

B. Características generales
DE LA MADUREZ SOCIAL

La madurez social abarca dos dimensiones: conciencia y acción. La conciencia social es el punto de partida, y consiste en la capacidad de percibir y comprender los problemas y las necesidades de quienes conforman una determinada comunidad. La acción social es la concreción práctica de esa conciencia, que se traduce en afrontar los problemas y tratar de solucionarlos.

Quien posee conciencia social reflexiona, en primer lugar, en quienes padecen limitaciones en el nivel de subsistencia económica —los más necesitados— y en los problemas relacionados especialmente con esa situación: desintegración familiar, carencia de educación, inseguridad, narcotráfico, drogadicción, prostitución, etcétera, y que desgraciadamente suelen sucederse en paralelo. Consecuentemente procura intervenir, en la medida de sus posibilidades, en su solución[21].

---

[21] "Me gustaría hacer un llamamiento a quienes tienen más recursos, a los poderes públicos y a todos los hombres de buena voluntad, comprometidos en la justicia social: que no se cansen de trabajar por un mundo más justo y más solidario. Nadie puede permanecer indiferente ante las desigualdades que aún existen en el mundo" Papa FRANCISCO, «Visita a la comunidad de Varginha [Manguinhos]», en Discurso del Santo Padre Francisco (Viaje apostólico a Río de Janeiro con ocasión de la XXVIII Jornada Mundial de la Juventud, Río de Janeiro, 2013), https://www.vatican.va/content/francesco/

Sin embargo, la madurez social no habrá de reducirse a afrontar las carencias económicas y sus consecuencias, sino que tendrá una visión más amplia que incluya los diversos factores que favorecen el principal anhelo que todo ser humano lleva dentro: su deseo de ser feliz. Y está ampliamente demostrado que la felicidad no se consigue con medidas puramente económicas[22], aunque ciertamente se requiere tener resueltas las necesidades básicas de la existencia, como son la alimentación, la vivienda y el acceso a la salud. De acuerdo con esto, la conciencia social ha de preguntarse qué condiciones requiere conseguir un determinado grupo para que sus integrantes avancen en su camino hacia la felicidad, teniendo en cuenta que el amor juega un papel determinante y que proporciona, a la estricta justicia, una dimensión superior[23]. La respuesta

---

es/speeches/2013/july/documents/papa-francesco_20130725_gmg-comunita-varginha.html.

[22] "Una paradoja preside nuestras vidas. La mayoría de la gente quiere aumentar sus ingresos y lucha por conseguirlo; pero, no obstante, aunque las sociedades occidentales se han hecho más ricas, las personas que las forman no son más felices. No es un cuento de viejas: es un hecho demostrado por muchos trabajos de investigación científica (...); todas las pruebas apuntan a que, en general, la gente no es más feliz hoy que hace cincuenta años, a pesar de que los ingresos medios se han multiplicado por dos o más. Esta paradoja es igualmente válida para Estados Unidos, Gran Bretaña y Japón" Richard LAYARD, *La felicidad. Lecciones de una nueva ciencia*, trad. Victoria Gordo del Rey (Ciudad de México: Taurus, 2005), 15.

[23] "Si se entiende la virtud de la justicia como voluntad generosa y espontánea de dar a cada cual lo que le es debido, si está de esta manera inclinada hacia los demás, se sitúa exactamente en el sentido del amor y de la caridad, y es ya una forma de la caridad y coloca el cimiento de esta virtud. El primer movimiento de la caridad consistirá en hacernos

160

muchas veces se concretará, por ejemplo, en la mejora de las relaciones humanas en la convivencia, comenzando por la propia familia, y siguiendo por los amigos, los vecinos y, en general, por los integrantes de cualquier grupo de la comunidad.

Por otra parte, la persona socialmente madura se ha de preguntar cuál es su responsabilidad concreta y cuáles sus posibilidades de ayuda ante los problemas del grupo en cuestión, pero partiendo siempre de lo que los destinatarios realmente necesitan para ser felices. Sería un error, por ejemplo, querer resolver un conflicto emocional con recursos económicos. Mientras que se trataría de un enfoque acertado, promover lugares donde naturalmente convivieran quienes forman una comunidad, para ayudarles a evitar la soledad y el aislamiento. También es importante tener en cuenta que, al ser los problemas sociales ordinariamente muy complejos, las soluciones no dependen de una sola persona, por lo que habrá que asociar los propios esfuerzos a los de otros que estén también dispuestos a colaborar, como lo advierte el Catecismo de la Iglesia Católica[24].

<hr/>

practicar esta justicia. El ámbito de la justicia podrá entonces extenderse más allá de las prescripciones rigurosas de la ley exterior. La verdadera justicia nos inclina, por ejemplo, a dar a nuestros padres, a nuestros hijos, a nuestros prójimos, además de lo necesario legalmente requerido para su subsistencia, un cierto bienestar y un afecto que tienen derecho a esperar de nosotros, y esto no parsimoniosamente, sino con largueza" Servais (Théodore) (O P.) 1925-2008 Pinckaers, *En busca de la felicidad*, trad. Manuel Morera Rubio, Cuadernos Palabra (Madrid: Ediciones Palabra, 1981), 104-105.

[24] "Los problemas socioeconómicos solo pueden ser resueltos con la ayuda de todas las formas de solidaridad: solidaridad de los pobres entre sí, de los ricos y los pobres, de los trabajadores entre sí, de los

Después de estas consideraciones, podemos preguntarnos cuáles son los rasgos principales de la madurez social, que incluirán tanto la conciencia como la acción requerida. Los señalaremos sintéticamente.

C. Rasgos de madurez social

1. La persona socialmente madura posee una especial *sensibilidad* para detectar los problemas de la comunidad y hacerlos propios, sin reaccionar con indiferencia o frialdad ante ellos. Asume actitud de apertura y compromiso que le impulsa a buscar soluciones eficaces y a practicarlas, según sus posibilidades. Muchas veces tendrá que reconocer sus propias limitaciones para implementar alternativas magnánimas que le rebasan, de manera que resultará indispensable unirse a otras personas y trabajar en equipo[25].

2. Reconoce que todo ser humano es persona; tiene la misma dignidad y está llamado a una felicidad que siempre

---

empresarios y los empleados, solidaridad entre las naciones y entre los pueblos. La solidaridad internacional es una exigencia del orden moral. En buena medida, la paz del mundo depende de ella" Iglesia Católica, «Catecismo de la Iglesia Católica», Vatican.va, s. f., n. 1941, https:// www.vatican.va/archive/catechism_sp/index_sp.html.

[25] "Son, pues, de tal altura las metas a que el hombre ha de aspirar, que no logrará alcanzarlas él solo. Este es otro aspecto en que la magnanimidad y la humildad son tangenciales: si aspiro para mi ser a metas valiosas, debo tener la humildad requerida para saber que no podré lograrlas solo. Son otros, además de mí, quienes deben fijar conmigo las metas y coordinar nuestro esfuerzo para alcanzarlas. La magnanimidad de la meta y la humildad de quien se la propone, termina en la consecuencia de que *la meta magnánima requiere el trabajo en equipo*" Llano, *Humildad y liderazgo*, 249.

162

puede crecer. Con esta premisa se pregunta qué es lo que un determinado grupo requiere para aproximarse a esa *felicidad* que todos anhelamos, teniendo en cuenta los diversos factores que influyen en ella, más allá del aspecto económico (educación, capacitación profesional, integración familiar, amistades, formación espiritual, etcétera).

3. La madurez social prioriza a la *familia*, potenciándola y favoreciéndola lo más posible, por ser el núcleo más importante de la sociedad. Si la familia va bien, los demás grupos sociales ordinariamente mejoran. Como es lógico, habrá que comenzar por el cuidado de la familia más cercana, para ir luego ampliando el círculo hacia otros parientes, hasta llegar a otras familias a las que se les pueda proporcionar ayuda. Esta labor de apoyo ha de incluir tanto a quienes se encuentran en situaciones problemáticas, como a quienes conviene potenciar para prevenir dificultades futuras.

4. Después de la familia, la conciencia social considera la enorme importancia de la *educación* para el desarrollo de la comunidad y del país. Las formas maduras de actuar en este terreno son variadísimas, desde apoyar con recursos económicos las instituciones ya existentes para potenciarlas, hasta crear nuevos centros de formación a todos los niveles educativos. Lógicamente, quien intervenga de manera directa con su trabajo en estas actividades, prestará un servicio invaluable.

5. En el mundo de la empresa, la madurez social tiene también particular relieve, porque ahí se generan las principales fuentes de trabajo y de riqueza para el desarrollo de las comunidades. El empresario tiene el peligro de concentrarse en el éxito de su negocio y desentenderse

163

de los demás. Por eso, necesita una especial mentalidad de *solidaridad* y de *servicio*, para canalizar la responsabilidad que le corresponde en la sociedad. Habrá de comenzar por vivir la *justicia* con sus empleados, retribuyendo adecuadamente su trabajo y, después, distribuyendo razonablemente las utilidades, acompañando la justicia con la generosidad, que incluirá ordinariamente a los más necesitados, ya sea directa o indirectamente.

6. Especial responsabilidad corresponde a quienes forman parte de los órganos de gobierno en los países, pues tienen la obligación de velar por el *bien común*. Una primera manifestación de esa responsabilidad será evitar que los recursos se desperdicien o se desvíen de su objetivo, ya sea por la corrupción o por la incompetencia al manejarlos. Pero como hemos señalado, la madurez social no se reduce exclusivamente a lo económico, sino que habrá de velar por el bien-estar de los ciudadanos, entendido en sentido integral y profundo, de manera que favorezca los diversos aspectos que contribuyen a la felicidad de las personas. Entre otras cosas, será necesario respetar los derechos humanos, como la vida, la familia, la educación, la libertad religiosa, etcétera.

7. El *voluntariado* y la participación en labores sociales son formas eficaces de concretar y manifestar la madurez social, porque llevan a preocuparse por los demás y a servirles, sin esperar nada a cambio. La recompensa suele estar en la alegría que experimentan, tanto quienes prestan el servicio como quienes lo reciben.

8. Asimismo, la participación en *organizaciones civiles* orientadas al desarrollo de la comunidad en diversos campos, puede ser otra forma valiosa de concretar la madurez

social: centros culturales, organizaciones empresariales, clubs deportivos, asociaciones de arte y cultura, etcétera.

9. El *descanso,* cuando se organiza razonablemente, es también necesario para el desarrollo de las comunidades y para su bienestar. Por tanto, la promoción de actividades recreativas y de entretenimiento, que favorezcan un cambio de actividad y faciliten la convivencia, pueden convertirse también en otra manifestación de madurez social.

10. El *enfoque trascendente* de la vida humana invita a orientar las realidades temporales hacia Dios, origen y fin de todo lo que existe. Por tanto, si la madurez social busca la mejora integral de la comunidad, habrá de facilitar este enfoque trascendente que repercute en diversos aspectos de la vida humana. Por ejemplo, la formación espiritual y la práctica religiosa influyen positivamente en las estructuras familiares, previenen adicciones, favorecen la solidaridad...[26]. En la Doctrina Social de la Iglesia Católica se encuentran abundantes directrices en este sentido.

---

[26] «Difundiendo los bienes espirituales de la fe, la Iglesia ha favorecido a la vez el desarrollo de los bienes temporales, al cual con frecuencia ha abierto vías nuevas. Así se han verificado a lo largo de los siglos las palabras del Señor: "Buscad primero su Reino y su justicia, y todas esas cosas se os darán por añadidura" (*Mt* 6, 33)». Catecismo de la Iglesia Católica, n.º 1942.

MADUREZ SOCIAL

La madurez social abarca dos dimensiones: conciencia y acción. La conciencia social consiste en la capacidad de percibir y comprender los problemas y las necesidades de quienes conforman una determinada comunidad. La acción social es la concreción práctica de esa conciencia, que se traduce en afrontar los problemas y tratar de solucionarlos.

● PROBLEMAS ACTUALES

1. Individualismo
2. Aumento de la desigualdad
3. Polarización
4. Desintegración familiar
5. Crisis del modelo educativo

● RASGOS DE MADUREZ SOCIAL

1. Sensibilidad para detectar los problemas
2. Promover la felicidad
3. Priorizar a la familia
4. Considerar la gran importancia de la educación
5. Mentalidad de solidaridad y de servicio
6. Velar por el bien común
7. Voluntariado y participación en labores sociales
8. Participación en organizaciones civiles
9. Descanso y promoción de actividades recreativas
10. Enfoque trascendente de la vida

166

9.
MADUREZ ECOLÓGICA

A. PROBLEMAS ACTUALES

En los últimos años ha surgido una preocupación generalizada por el medio ambiente, como resultado de la crisis por contaminación que amenaza al planeta. Se ha vuelto común el lenguaje ambientalista y la conciencia de los riesgos por los que atraviesa la actual generación, pero sobre todo las venideras. En lo referente a estas, a partir de los denominados *millennials*, el medio ambiente se volvió un valor central. La generación *centennial* se representa por la figura de Greta Thunberg, joven sueca que señaló, a las generaciones anteriores, como causantes del grave momento por el que pasa el planeta. En Davos, en enero de 2018, expresaba: «No quiero que tengas esperanza, quiero que entres en pánico». En la apertura de la Cumbre del Clima en Naciones Unidas, ese mismo año, recalcó: «¿Ustedes vienen a nosotros, los jóvenes, en busca de esperanza? ¿Cómo se atreven?».

167

En el discurso público esta preocupación por la ecología apareció, impulsado por el movimiento ambiental en la década de 1960, con la publicación del libro de Rachel Carson, *Primavera silenciosa*[1]. A la par con los movimientos pacifistas, de los derechos civiles y antinucleares, surgieron los movimientos ambientalistas, demandando nuevas relaciones entre humanos y naturaleza, y los humanos entre sí. Estos hechos dieron cabida a la hoy denominada *conciencia ambiental* o *ambientalismo*[2].

Lo cierto es que llegamos a este punto porque el modelo socioeconómico, proveniente de las revoluciones industriales, se volvió insostenible: el progreso se sustenta en la acumulación de riqueza y el consumo, sin tomar en consideración el límite de los recursos que existen en el planeta. En el momento actual, aparece una crisis que comienza a dar muestras más amenazantes. El mes de junio

----

[1] Rachel Carson en su obra incitaba a la conciencia ambiental: «[…] Han hecho falta millones de años para producir la vida que habita actualmente en la Tierra; eones de tiempo durante los cuales la vida en desarrollo, en evolución y diversificación, alcanzó un estado de ajuste y equilibrio con su entorno […]. Porque el tiempo es el ingrediente esencial; pero en el mundo moderno no hay tiempo […]» Rachel CARSON, *Primavera silenciosa*, trad. Joandomènec Ros (Barcelona: Crítica, 2023), locs. 49 y 50 de 625. DW, «Greta Thunberg le dijo a la ONU: "El cambio viene, les guste o no"», DW, 29 de septiembre de 2019, https://www.dw.com/es/greta-thunberg-a-la-onu-el-cambio-viene-les-guste-o-no/a-50551496.

[2] Cfr. Astrid ULLOA, «Pensando Verde: El Surgimiento y Desarrollo de La Conciencia Ambiental Global», en *Repensando La Naturaleza Encuentros y Desencuentros Disciplinarios En Torno a Lo Ambiental*, Historia y Ambiente (Bogotá D. C: Instituto Colombiano de Antropología e Historia; Colciencias, 2002), 205-26.

168

de 2023 fue el de las temperaturas más cálidas del que se tenga memoria y el martes 3 de julio de ese mismo año, fue el día más caluroso de la historia[3].

1. Los límites del planeta

En el año 2009, un grupo de científicos de varias partes del mundo publicó el estudio *Planetary boundaries*, indicando que la tierra tiene nueve límites que no deben sobrepasarse: a) crisis climática; b) acidificación de los océanos; c) agujero de ozono; d) ciclo del nitrógeno y fósforo; e) uso del agua; f) deforestación y otros cambios de uso del suelo; g) pérdida de biodiversidad; h) contaminación de partículas de la atmósfera y, i) contaminación química.

De acuerdo con el estudio, en caso de ser superados estos límites por contaminación, exceso de consumo, etcétera, se pondría en riesgo la habitabilidad del planeta. En el año de su publicación se habían sobrepasado cinco límites; en el 2023 se habían alcanzado siete[4]. Este estudio

---

[3] «[…] «El mes de junio fue el más cálido a nivel mundial, un poco más de 0,5 grados Celsius por encima de la media 1991-2020, lo que supera ampliamente el precedente récord de junio de 2019», indicó este jueves 6 de julio el observatorio europeo Copernicus, que maneja datos que se remontan a 1950 […]» RFI, «Junio de 2023 fue el mes más caluroso de la historia del planeta», RFI. Medio Ambiente, 6 de julio de 2023, https://www.rfi.fr/es/medioambiente/20230706-dia-mes-caluroso-clima-calentamiento-global-junio-2023.

[4] Cfr. Johan ROCKSTRÖM et al., «Safe and Just Earth System Boundaries», *Nature* 619, n.º 7968 (julio de 2023): 102-11, https://doi.org/10.1038/s41586-023-06083-8.

169

se utiliza como referencia en informes de la *Organización de las Naciones Unidas* y el *Foro Económico de Davos*.

2. Cambio climático

La Revolución Industrial trajo tras de sí un modelo de producción basado en la quema de carbón y, más adelante, de combustibles fósiles. La quema de combustibles fósiles genera gases que actúan como una manta que envuelve al planeta, atrapando el calor solar y elevando las temperaturas. La elevación de temperaturas es lo que se denomina *cambio climático*.

La temperatura media de la Tierra es ahora 1,1 grados centígrados más alta que a finales del siglo XIX, y la más elevada de los últimos cien mil años. Las consecuencias climáticas se reflejan, entre otros fenómenos, en sequías intensas en algunas regiones y tormentas catastróficas en otras, aumento del nivel del mar, disminución de la biodiversidad y deshielo de los polos. La población mundial está siendo afectada de diversas maneras por el cambio climático, ya sea en seguridad, vivienda o trabajo. Las regiones insulares y los países en vías de desarrollo son los más afectados: el aumento del nivel del mar y las prolongadas sequías comienzan a producir los denominados *refugiados climáticos*[5]. Por otra parte, el cambio climático genera la expansión de

---

[5] «Informe del Panel Intergubernamental sobre el Cambio Climático (IPCC)»: El IPCC es una organización científica internacional que proporciona evaluaciones y análisis sobre el cambio climático. Sus informes son referentes clave para comprender el estado actual de la ciencia climática y los impactos del calentamiento global.

170

enfermedades, como las provocadas por mosquitos y garrapatas (por ejemplo, la malaria, el dengue o el lime), e impulsando el surgimiento de nuevas como el COVID-19[6]. Las emisiones de gases que produce el cambio climático proceden de todo el planeta; sin embargo, solo seis países, además de la Unión Europea, son los que generan la mitad del total: China, Estados Unidos, India, Indonesia, Rusia y Brasil.

3. Producción y distribución alimentaria

Un tema central de discusión en materia ecológica ha sido la *teoría de la población* de Robert Malthus, economista del siglo XVIII. Según Malthus, el ritmo de crecimiento de la población era muy superior al de la producción de alimentos, de manera que llegaría el tiempo en que sería inevitable una catástrofe. La verdad es que, al paso del tiempo, no se cumplió la teoría malthusiana: hasta el momento, la producción de alimentos responde al crecimiento de la demanda[7].

---

[6] Cfr. María del Carmen LACY-NIEBLA, «El cambio climático y la pandemia de COVID-19», *Archivos de Cardiología de México* 91, n.º 3 (2021): 269-71, https://doi.org/10.24875/ACM.M21000076.

[7] Aunque la población mundial se duplicó entre 1960 y 2000, los niveles de nutrición mejoraron notablemente y los precios del arroz, trigo y maíz (los principales alimentos básicos del mundo), disminuyeron cerca del 60 por ciento. La caída de los precios indica que, a escala mundial, los suministros no solo crecen al ritmo de la demanda, sino que incluso lo hacen con mayor rapidez. FAO, «Agricultura mundial: hacia los años 2015/2030. Informe resumido» (Roma: Office of Assistant Director-General (Economic and Social Department), 2002).

El problema real no parece ser la *disponibilidad de alimentos*, sino su *adecuada distribución* y *calidad*, pues mientras se produce lo suficiente para toda la humanidad, existen 250 millones de personas que padecen hambre aguda en el mundo, y existen siete países al borde de la inanición (Somalia, Afganistán, Burkina Faso, Haití, Nigeria, Sudán del Sur y Yemen)[8].

En materia alimentaria existen cuatro desafíos relacionados con la ecología:

a) *El cambio climático*, por afectación a la agricultura, la pesca y la acuacultura.

b) *El desperdicio de alimentos* porque, según la FAO, una tercera parte se pierde en todo el mundo, esto es 1300 millones de toneladas al año[9].

c) *El crecimiento de la demanda* a pesar de que el crecimiento de la población mundial se ha ralentizado.

d) *El mayor consumo de alimentos por persona* que, durante el siglo XX, se acrecentó de manera importante.

4. Los nuevos derechos de los animales

Por definición, una gran parte del ecologismo tiene una visión *sistémica*, esto es, lo que importa es proteger al

---

[8] Cfr. Food Security Information Network (FSIN) y Global Network against Food Crises (GNAFC), «Global Report on Food Crises 2023», GRFC (Roma: FSIN, 2 de mayo de 2023), https://www.wfp.org/publications/global-report-food-crises-2023.

[9] FAO, «Pérdida y desperdicio de alimentos», Portal de apoyo a las políticas y la gobernanza, 2023, https://www.fao.org/policy-support/policy-themes/food-loss-food-waste/es/.

172

conjunto de la naturaleza, su adecuado funcionamiento y sostenibilidad de largo plazo. Esto lleva a considerar que los animales tienen el mismo valor que los seres humanos. Por otra parte, durante los últimos años, ha surgido una postura que considera a los animales como *seres sintientes*, dotados de derechos, que merecen ser respetados, y, por tanto, moralmente considerados. Para ellos, lo que importa es la protección del individuo, no tanto la de la especie, por lo que también se les llama *antiespecistas*.

Este debate abarca diversos ámbitos políticos y jurídicos, como ocurrió en España, que en 2011 aprobó una ley que permitía eliminar plagas de animales y que ocasionó que organizaciones defensoras se opusieran. Otro ejemplo en esta línea ha sido el avance en la prohibición de las corridas de toros o de los espectáculos circenses con animales. Otro debate que cobra fuerza es el del consumo de carne de animales, sujetos a formas de crianza que les genera sufrimiento; los defensores de animales sostienen que es inmoral someter a las vacas, los cerdos o las gallinas a los terribles sufrimientos de la crianza intensiva[10].

5. Manipulación de la naturaleza

Si bien es cierto que la conciencia ecológica ha crecido los últimos años de forma exponencial —al generar una

---

[10] «[...] En la estela de autores anglosajones como Jeremy Bentham o Henry S. Salt, filósofos contemporáneos como Peter Singer y Ursula Wolf, han sentado con rigor las bases para una verdadera "revolución copernicana" en la filosofía moral: el ser humano debe dejar de ser el único animal merecedor de consideración moral [...]» Jorge RIECHMANN, *En defensa de los animales* (Madrid: Los Libros De La Catarata, 2017), loc. 21 de 280.

nueva cultura de respeto y cuidado del medio ambiente—, de forma paradójica, han surgido actividades y corrientes cuyo centro es la manipulación de la naturaleza, que van desde la procuración de impactos en el clima de regiones completas, hasta el denominado *transhumanismo* o el cambio de identidad de las personas.

Una actividad que ha comenzado a cobrar fuerza los últimos años es la *geoingeniería* o *ingeniería climática* que busca la modificación deliberada y a gran escala del clima terrestre, entre otras cosas para revertir el calentamiento global. La *NASA* y la *Royal Society* han realizado propuestas en ese sentido, basadas en técnicas de gestión de la radiación solar y reducción del dióxido de carbono[11]. Sin embargo, estas técnicas, al momento actual, son todavía ineficaces y tienen el riesgo de efectos secundarios potencialmente graves[12].

Una forma que tiene especial relevancia en la manipulación de la naturaleza es el denominado *transhumanismo* que «es el intento de transformar sustancialmente a los seres humanos mediante la aplicación directa de la tecnología»[13]. La idea de transformación es incidir de forma profunda en las personas para que «Al cabo de un

---

[11] Cfr. Oliver MORTON, *The Planet Remade: How Geoengineering Could Change the World* (Princeton & Oxford: Princeton University Press, 2015).

[12] Cfr. David P. KELLER, Ellias Y. FENG, y Andreas OSCHLIES, «Potential Climate Engineering Effectiveness and Side Effects during a High Carbon Dioxide-Emission Scenario», *Nature Communications* 5, n.º 1 (25 de febrero de 2014): 3304, https://doi.org/10.1038/ncomms4304.

[13] Antonio DIÉGUEZ, *Transhumanismo: La búsqueda tecnológica del mejoramiento humano* (Barcelona: Herder, 2017), loc. 423 de 4086.

174

tiempo [...] quizás, incluso, den lugar a una especie nueva y mejorada, una especie *posthumana* [...] mucho más avanzada, a la que ya se ha querido bautizar con el nombre de *homo excelsior*»[14].

Otro tema que ha cobrado importancia, en los últimos años, son las *operaciones de cambio de sexo* que suponen una manipulación del cuerpo humano para modificar su identidad. Se trata de operaciones quirúrgicas muy complejas que procuran, en la mayor medida de lo posible, cambiar la morfología fisiológica a la del sexo opuesto. El tamaño del mercado de estas cirugías fue de 623 millones de dólares, en 2022, y se proyecta una tasa de crecimiento anual del 11,5 %, para alcanzar un valor anual de 1900 millones de dólares para el 2032[15].

B. CARACTERÍSTICAS GENERALES DE LA MADUREZ ECOLÓGICA

La ecología estudia tanto las relaciones de los diferentes seres vivos entre sí —su interacción—, como su relación con el entorno, es decir, la influencia que las características del hábitat tienen en el desarrollo y comportamiento de las diferentes especies, y cómo estas afectan el medio ambiente.

De modo especial, la ecología observa y analiza los cambios que los ecosistemas —el medio ambiente y los seres vivos que habitan en él— pueden sufrir a partir

---

[14] Diéguez, loc. 427 de 40869.

[15] Cfr. «Sex Reassignment Surgery Market | Trends Report, 2023-2032», Global Market Insights Inc., 2023, https://www.gminsights.com/industry-analysis/sex-reassignment-surgery-market.

de los seres humanos. Pero su finalidad no se reduce al mero conocimiento de los hechos, sino que procura diseñar estrategias y mecanismos para preservar y conservar el medio ambiente. Esta tarea incluye la educación de las personas para que aprendan a cuidar el hábitat, la biodiversidad y los ecosistemas, evitando así afectarlos negativamente con sus actividades.

Cabe señalar que un «sistema» se define como una entidad con límites y con partes interrelacionadas e interdependientes, cuyo resultado es mayor a la suma de sus partes. Por tanto, el cambio de una parte del sistema afecta a las demás y, con esto, al sistema completo. El término «biodiversidad» se refiere a la amplia variedad de seres vivos sobre la tierra, que constituyen los diversos ecosistemas. Esta interconexión entre los seres vivos y el medio ambiente, enfatiza la importancia de cuidar cada especie y cada ser vivo debido a su repercusión en todo el sistema.

Como los seres humanos formamos parte de la naturaleza, lo mismo que las demás especies, es esencial no perder de vista la jerarquía entre los seres vivos y el papel que el hombre ocupa y juega en el conjunto. En este sentido, cabe hablar de una «ecología integral», que incluye a todos los actores, sin discriminación ni confusión alguna. La persona ecológicamente madura será aquella que posee conciencia clara del valor de todos los seres vivos y del medio ambiente, y que dispone los medios no solo para evitar cualquier daño, sino para mejorar constantemente el hábitat.

Resulta obligado destacar la valiosa aportación del papa Francisco con la encíclica *Laudato si'* (2015), que aborda el tema de la ecología —y especialmente de la ecología integral— con profundidad y de manera completa, así como la invitación que nos extiende: «Todos podemos colaborar como instrumentos de Dios para el cuidado de la creación, cada uno desde su cultura, su experiencia, sus iniciativas y sus capacidades»[16]. Y ocho años después, en la Exhortación apostólica *Laudate Deum* (2023) ha señalado: «Con el paso del tiempo advierto que no tenemos reacciones suficientes mientras el mundo que nos acoge se va desmoronando y quizás acercándose a un punto de quiebre»[17]. Se destacan a continuación algunas características de madurez en este ámbito.

C. Rasgos de madurez ecológica

1. La madurez ecológica tiene su origen en la conciencia de que los seres humanos, más que relacionarnos con la naturaleza, somos parte de ella, lo cual nos lleva a considerarla como propia y a *cuidarla* con el sentido de *responsabilidad* que corresponde a la propia vida. Se puede hablar de una ecología integral, porque no excluye a ningún ser de la naturaleza, comenzando por el hombre.

La noción de "protección del medio ambiente" es demasiado débil frente a las inminentes catástrofes naturales. Es necesaria una modificación radical del vínculo con la naturaleza. Ya no se trata de que la tierra sea un "recurso"

---

[16] Papa Francisco, *Laudato Si': sobre el cuidado de la casa común* (Vaticano: Libreria Editrice Vaticana, 2015), sec. 14.

[17] Papa Francisco, *Laudate Deum: A todas las personas de buena voluntad sobre la crisis climática*, Exhortación Apostólica (Vaticano: Libreria Editrice Vaticana, 2023), sec. 2.

con el que ahora tenemos que manejarnos "con más cuidado". Más bien, es preciso que interioricemos el significado originario de *cuidar*[18].

Si este cuidado se llevara a la práctica con responsabilidad, se evitaría rebasar los límites del planeta y evitar el avance del cambio climático.

2. El fundamento real de nuestra pertenencia a la naturaleza es que todos hemos sido creados por Dios y participamos de su mismo ser, aunque con diferentes grados de intensidad, según los diversos modos de existencia, que dan lugar a una jerarquía que es preciso observar: desde la persona humana hasta los seres inertes. «Cada organismo es bueno y admirable en sí mismo por ser una criatura de Dios»[19]. Comprender esto lleva a considerar la *bondad* de todo lo que existe y a respetarlo. Cuando terminó su obra creadora, señala el *Génesis* que «vio Dios todo lo que había hecho; y he aquí que era muy bueno»[20]. Reconocer la bondad que hay en todo lo que existe será, por tanto, un signo de madurez.

3. Junto con la bondad, la persona madura contempla y ama la *belleza* de todo lo creado por Dios, superando así la actitud pragmática y utilitarista que no ve en las cosas más que ocasiones de una acción transformadora que trae consigo beneficios materiales. La contemplación de la belleza, en cambio, mueve a preservar aquello que es objeto de admiración.

---

[18] Byung-CHUL HAN, *Vida contemplativa. Elogio de la inactividad* (Ciudad de México: Taurus, 2023), 54.

[19] Papa FRANCISCO, *Laudato Si'*, sec. 140.

[20] *Génesis*, 1, 31.

4. La bondad y la belleza contenidas en la naturaleza generan en la persona madura una disposición de *gratitud*, porque sabe que todas esas maravillas no son obra suya y las percibe como un regalo inmerecido. Y tal gratitud refuerza el cuidado del ambiente en su conjunto, con una mentalidad de administrador, propia de quien sabe que no es dueño y que tendrá que dar cuenta de lo que le ha sido confiado. Especial relevancia detenta esta mentalidad de administrador, y no de propietario, cuando se aplica al ser humano, que ha de ser respetado en su naturaleza, evitando todo tipo de manipulación, como la que ocurre en la ideología de género y en el transhumanismo.

5. La madurez ecológica procura, por todos los medios, *evitar la contaminación* del medio ambiente que, por desgracia, se encuentra permanentemente amenazado, entre otras cosas, por los avances de la tecnología. Por tanto, al emplear los medios técnicos, toma muy en cuenta este peligro y suprime todo aquello que pueda ser contaminante[21]. Es significativo que muchos países han propuesto políticas públicas para la transformación de los

_____

[21] «Un imperativo que se adecuara al nuevo tipo de acciones humanas y estuviera dirigido al nuevo tipo de sujetos de la acción, diría algo así como: "Obra de tal modo que los efectos de tu acción sean compatibles con la permanencia de una vida humana auténtica en la Tierra"; o, expresado negativamente: "Obra de tal modo que los efectos de tu acción no sean destructivos para la futura continuidad indefinida de la humanidad en la Tierra"; o, formulado, una vez más positivamente: "Incluye en tu elección presente, como objeto también de tu querer, la futura integridad del hombre"» Hans JONAS, *El principio de responsabilidad: Ensayo de una ética para la civilización tecnológica*, trad. Javier María Fernández Retenaga (Barcelona: Herder, 2014), loc. 774 de 6499.

sistemas de energía fósil en renovables —como la solar o la eólica—, con el compromiso de alcanzar emisiones cero en 2050, debiendo llegar a la mitad de la meta antes del 2030[22].

6. La persona madura ecológicamente, evita el consumismo actuando con *sobriedad* en el uso de los medios personales ordinarios, tanto para evitar lo más posible los efectos contaminantes, como los desperdicios y la acumulación de cosas superfluas que no se requieren para llevar una vida digna. La Encíclica *Laudato si'* desciende a ejemplos muy concretos que vale la pena tener presentes:

> Evitar el uso de material plástico y de papel, reducir el consumo de agua, separar los residuos, cocinar solo lo que se podrá comer, tratar con cuidado a los demás seres vivos, utilizar transporte público o compartir el mismo vehículo entre varias personas, plantar árboles, apagar las luces innecesarias[23].

Todo esto hace ver cómo la ecología invita a vivir muchas virtudes —sobriedad, desprendimiento, solidaridad, etcétera—, necesarias para responder a los objetivos que propone.

7. Junto con el cuidado de la biodiversidad y los ecosistemas, la persona madura procura, en la medida en que le corresponda, un desarrollo *sustentable* o sostenible, que permite progresar y mantenerse sin agotar los recursos

---

[22] Cfr. IPCC, «Climate Change 2022: Impacts, Adaptation and Vulnerability», Assessment Report, AR6 (Cambridge, UK: Grupo Intergubernamental de Expertos sobre el Cambio Climático, 2022).

[23] Papa FRANCISCO, *Laudato Si'*, sec. 211.

180

naturales. Aquí juega un papel especialmente importante la *economía circular*, que es un modelo de producción y consumo que implica compartir, reutilizar, reparar, renovar y reciclar materiales y productos todas las veces que sea posible, para dar lugar a un valor añadido. De esta forma, el ciclo de vida de los productos se hace más duradero. Un ejemplo de esta madurez es el plan de acción sobre la economía circular que el Parlamento Europeo votó, en febrero de 2021, y en el que demandó medidas adicionales para avanzar hacia una economía neutra en carbono, sostenible, libre de tóxicos y completamente circular en 2050.

8. Frente a la tendencia materialista, la *calidad de vida* va más allá: abarca a la persona completa, incluyendo su espiritualidad y facilitando su desarrollo integral. Esto habrá de llevar a «redefinir el progreso: un desarrollo tecnológico y económico que no deja un mundo mejor y una calidad de vida integralmente superior, no puede considerarse progreso»[24]. Por tanto, una persona madura tiene en cuenta esta advertencia:

Necesitamos repensar entre todos la cuestión del poder humano, cuál es su sentido, cuáles son sus límites. Porque nuestro poder ha aumentado frenéticamente en pocas décadas. Hemos hecho impresionantes y asombrosos progresos tecnológicos, y no advertimos que al mismo tiempo nos convertimos en seres altamente peligrosos, capaces de poner en riesgo la vida de muchos seres y nuestra propia supervivencia[25].

---

[24] Papa Francisco, sec. 194.

[25] Papa Francisco, *Laudate Deum: A todas las personas de buena voluntad sobre la crisis climática*, sec. 28.

181

9. La madurez ecológica se manifiesta también en una especial sensibilidad ante el *sufrimiento humano*, que no excluye la preocupación por la naturaleza y el medio ambiente, pero que, lógicamente, tiene prioridad. En la medida de las propias posibilidades se procura acompañar al que sufre y, cuando sea posible, aliviar o disminuir sus padecimientos.

10. Si bien todos los seres humanos son iguales por ser hijos de Dios, el cristiano manifiesta una especial preocupación por *los más necesitados*, tanto material como espiritualmente, como parte de esa jerarquía propia de la madurez ecológica. Esto es posible si no se pierde de vista la idea con la que el papa Francisco cierra su Exhortación apostólica: «"Alaben a Dios" es el nombre de esta carta. Porque un ser humano que pretende ocupar el lugar de Dios se convierte en el peor peligro para sí mismo»[26].

---

[26] Papa Francisco, sec. 73.

182

MADUREZ ECOLÓGICA

La persona ecológicamente madura posee conciencia clara del valor de todos los seres vivos y del medio ambiente, y dispone los medios no solo para evitar cualquier daño, sino para mejorar constantemente el hábitat.

● PROBLEMAS ACTUALES

1. Los límites del planeta
2. Cambio climático
3. Producción y distribución alimentaria
4. Los nuevos derechos de los animales
5. Manipulación de la naturaleza

● RASGOS DE MADUREZ ECOLÓGICA

1. Cuidar la naturaleza con sentido de responsabilidad
2. Considerar la bondad de todo lo que existe
3. Contemplar y amar la belleza de todo lo creado por Dios
4. Disposición de gratitud
5. Evitar la contaminación
6. Sobriedad en el uso de los medios personales
7. Procurar un desarrollo sustentable o sostenible
8. Calidad de vida integral
9. Sensibilidad ante el sufrimiento humano
10. Preocupación por los más necesitados

183

10.
MADUREZ ESPIRITUAL

A. Problemas actuales

El mundo experimenta dos tendencias que caminan en paralelo: por una parte, el aumento del número de creyentes en todo el mundo: entre 2010 y 2050, los musulmanes crecerán un 73 %; los cristianos un 35 % y los hinduistas un 34 %[1]. Por otro lado, en Occidente, en los países que decrece la población, surge una importante pérdida de religiosidad, como se aprecia en las siguientes cifras:

a) En Estados Unidos la proporción de cristianos disminuyó del 78 %, en 2007, al 63 % en 2020[2].

---

[1] Cfr. Michael Lipka, «Muslims and Islam: Key Findings in the U.S. and around the World», *Pew Research Center* (blog), 2017, https://www.pewresearch.org/short-reads/2017/08/09/muslims-and-islam-key-findings-in-the-u-s-and-around-the-world/.

[2] Cfr. Pew Research Center, «Modeling the Future of Religion

b) En España, más del 50 % de los menores de 34 años no son creyentes y solo uno de cada diez matrimonios es religioso[3].

c) En Inglaterra, el 36 % de los británicos no cree en Dios[4].

d) En México, el porcentaje de católicos disminuyó de 92,6 %, en 1980, a 77,7 % en 2020. El ateísmo pasó de 1,6 % en 1970, a 10,6 % en 2020[5].

La pérdida de religiosidad ha ido acompañada de un crecimiento relevante en los niveles de ansiedad y depresión, así como en la búsqueda de nuevas respuestas —muchas de ellas emocionales o de poca racionalidad—, como son la mezcla caprichosa de valores y principios religiosos (*new age*) o el neopaganismo.

Las causas de la pérdida de religiosidad son múltiples y variadas, destacando el materialismo, el individualismo,

---

in America», *Pew Research Center's Religion & Public Life Project* (blog), 13 de septiembre de 2022, https://www.pewresearch.org/religion/2022/09/13/modeling-the-future-of-religion-in-america/.

[3] Cfr. Fundación Ferrer Guardia, «Laicidad en Cifras 2023», Informe Ferrer Guardia (España: Fundación Ferrer Guardia, 29 de marzo de 2023), https://www.ferrerguardia.org/blog/publicaciones-3/laicidad-en-cifras-2023-108.

[4] Cfr. Javier JIMÉNEZ, «La paradoja del ateísmo: hacerse mayoritario en Occidente en pleno apogeo global de la religión», *Xataka* (blog), julio de 2021, https://www.xataka.com/magnet/paradoja-ateismo-hacerse-mayoritario-occidente-pleno-apogeo-global-religion.

[5] Cfr. Alejandro DÍAZ DOMÍNGUEZ, «¿Qué nos dice el Censo 2020 sobre religión en México?», Nexos, 19 de abril de 2021, https://datos.nexos.com.mx/que-nos-dice-el-censo-2020-sobre-religion-en-mexico/.

el mundo digital y las dificultades que han enfrentado distintas iglesias e instituciones religiosas.

Ante la convergencia de tantos fenómenos, parecería imperar un ambiente de confusión en el que se vuelve difícil alcanzar la madurez espiritual —entendida como la relación adecuada del hombre con Dios—. Sin embargo, en otras tantas partes, comienzan a observarse fenómenos que dan la impresión de un renacer espiritual, de un reencuentro con la religión de forma auténtica. Si bien parecería que vivimos un tiempo de sombras, son muchas las luces de esperanza de un renacer espiritual[6]. A continuación se plantean algunos signos del tiempo presente que dificultan la madurez espiritual.

1. Materialismo

Más allá del *materialismo filosófico* —esto es, el de las corrientes de pensamiento que niegan la naturaleza espiritual—, existe la actitud de quienes asocian la felicidad con lo que se posee: objetos, dinero, poder, belleza, estatus, etcétera. Las personas materialistas se juzgan a sí

---

[6] Existen movimientos de carácter espiritual que, si bien no se perciben en un inicio en el campo sociocultural, terminan transformando la realidad. Por ejemplo, en el año 200, el mundo estaba cristianizado en un 3,4 %; para el año 380, el Emperador de Oriente, Teodosio, proclamó al cristianismo como la religión oficial del Estado y se produjo un incremento inusitado de cristianos entre los ciudadanos del Imperio Romano. Cfr. «La expansión del cristianismo en medio de persecuciones», Santo Monasterio de Pantocrátor en Melissochor, 15 de septiembre de 2011, https://www.impantokratoros.gr/expansion-cristianismo.es.aspx..

mismas y a los otros, más por lo que tienen que por lo que son[7].

Sus principales características psicológicas son:

a) siempre buscan tener más;
b) se fijan mucho en la apariencia de su cuerpo;
c) invierten en *la marca* de lo que adquieren y no tanto en su utilidad;
d) creen que la riqueza depende exclusivamente de méritos propios;
e) dividen a las personas entre exitosas y fracasadas, con un criterio reducido a los resultados materiales; y
f) sufren de envidia.

El ambiente materialista aumentó, a finales de la década de 1980, de forma importante[8]. El crecimiento de la riqueza acumulada en el mundo, sumada al fenómeno digital, generó que las nuevas generaciones se volvieran más materialistas y consumistas que las anteriores[9].

El materialismo incapacita para alcanzar la madurez espiritual, porque produce una dependencia que reduce la libertad de la persona para acceder a la realidad espiritual[10].

[7] Cfr. Tim KASSER, *The High Price of Materialism* (Cambridge, Mass; London: Bradford Books; MIT Books, 2002).

[8] Cfr. BAUDRILLARD, *La sociedad del consumo.*

[9] Cfr. RAZMIG KEUCHEYAN, *Las necesidades artificiales. Cómo salir del consumismo* (Madrid: Ediciones Akal, 2021).

[10] Cfr. Zygmunt BAUMAN, *Vida de consumo*, Fondo de Cultura Económica, México, 2012.

2. Crecimiento del relativismo

Hacia el siglo XVI, la nota característica que originó a la época denominada *modernidad* fue el *antropocentrismo*, esto es, pensar que el hombre es centro del universo. Desde su origen, sostuvo una confianza absoluta en la razón y la ciencia, dejando de lado la fe religiosa. Sin embargo, a partir de finales de la década de 1980, comenzó a notarse un desgaste de la confianza en la razón[11]. Esta pérdida de confianza dio paso a la *posmodernidad*, es decir, *lo que sigue después de la modernidad*, pero sin tener claridad sobre sus características[12].

Durante la década de 1990 y primera del siglo XXI, el desgaste de la razón y el consiguiente recurso a lo emocional y subjetivo facilitó un nuevo impulso al *relativismo*, es decir, la idea de que no existe ninguna verdad objetiva. Una consecuencia del relativismo es el concepto de *posverdad* y la gran difusión de las *fake news* en el mundo digital[13].

Este ambiente de relativismo dificulta alcanzar la madurez espiritual, porque sin verdad objetiva, se recurre a falsas espiritualidades que alejan del contenido de la fe cristiana.

---

[11] «Al decir que la razón se ha perdido, se alude al hecho de que la (pos) modernidad ha acuñado un concepto tan débil de razón, que la despoja de los atributos que un día la convirtieron en símbolo del mundo moderno» Javier PRADES, «Un testigo eficaz: Benedicto XVI», en *Dios salve la razón*, trad. Lázaro Sánz (Madrid: Ediciones Encuentro, 2008), 08..

[12] Cfr. Christopher BUTLER, *Posmodernidad: Una breve introducción* (Santiago, Chile: Ediciones UC; Oxford University Press, 2020).

[13] Cfr. Carlos Daniel LASA, *La posverdad: en la Teología, la Filosofía y el Derecho* (Salta, Argentina: Ediciones Universidad Católica de Salta, 2022).

3. Deconstrucción y nueva cultura

Una idea que ha recorrido los últimos años el mundo de la filosofía, la cultura y la política es la de la *deconstrucción,* esto es, el dejar de lado la tradición acumulada de siglos de historia en Occidente para replantearse toda la realidad *ex novo*[14]. El planteamiento deconstructivista —que inició en el campo de las ideas y del debate filosófico— fue asumido por distintos actores, a nivel global, para plantear nuevos modelos sociopolíticos[15].

Desde hace más de tres décadas, un elemento esencial en el impulso deconstructivista global ha sido la aspiración de construir una *sociedad abierta,* en términos del filósofo alemán Karl Popper[16]. Algunos impulsores de la sociedad abierta han interpretado la necesidad de implantar y proteger el intercambio racional y libre, contrario a las *sociedades cerradas* que «obligan» a la gente a someterse a la autoridad, cualquiera que sea: religiosa, política o económica[17]. La interpretación, sin embargo, se ha llevado más allá del campo de lo económico y político, para llegar a lo antropológico y ético.

El proyecto deconstructivo, sumado al modelo de sociedad abierta, originan una *revolución cultural global*[18].

---

[14] Nicola ABBAGNANO y Giovanni FORNERO, *Diccionario de Filosofía* (Ciudad de México: Fondo de Cultura Económica, 2010), 266.

[15] Cfr. Judith BUTLER, *El género en disputa: el feminismo y la subversión de la identidad,* 1a. ed., Paidós studio 168 (Barcelona: Paidós, 2016).

[16] Cfr. Karl POPPER, *The Open Society and Its Enemies* (London; New York: Routledge Classics, 2011).

[17] Cfr. George SOROS, *En defensa de la sociedad abierta* (Ciudad de México: Ediciones Paidós, 2019).

[18] «Por revolución cultural global, entendemos la propagación mundial, al final de la guerra fría, de una nueva ética, laicista en sus aspectos

190

En poco más de tres décadas, se han tenido más transformaciones en número y profundidad, que en varios siglos anteriores. Así se pudo constatar en las conferencias que establecieron los criterios de política, para los países miembros de la Organización de las Naciones Unidas (ONU), la de El Cairo sobre *población y desarrollo* en 1994, y la de Beijing sobre la *mujer* en 1995[19].

Al desmontar las bases de la civilización, la deconstrucción ha generado distintos tipos de crisis. Dos son especialmente relevantes y afectan a la madurez espiritual:

a) *Crisis cultural*: Por socavar las bases de raíz cristiana, propias de Occidente[20].

b) *Crisis de identidad*: Al verse debilitadas las raíces que permiten a las personas comprender su lugar en el mundo y la historia[21].

---

radicales, que es fruto de las revoluciones occidentales feminista, sexual y cultural del siglo pasado, y del largo recorrido de Occidente hacia la posmodernidad, que modela conductas y establece un nuevo diseño sobre el bien y el mal, suprimiendo presupuestos antropológicos básicos e imponiendo su ley a mayorías culturalmente indefensas» Marguerite A. PEETERS, *Marion-ética. Los «expertos» de la ONU imponen su ley* (Madrid: Ediciones Rialp, S.A., 2011), loc. 62 de 6541.

[19] Cfr. PEETERS, *Marion-ética. Los «expertos» de la ONU imponen su ley.*

[20] Cfr. José GIMENO SACRISTÁN, *Educar y convivir en la cultura global: las exigencias de la ciudadanía*, Tercera edición (Madrid: Ediciones Morata, 2011).

[21] Cfr. Francis FUKUYAMA, *Identidad: La demanda de dignidad y las políticas de resentimiento*, trad. Antonio García Maldonado (Barcelona: Deusto, 2019).

191

4. *Espiritualidad sin Dios:* new age

Desde el siglo XVIII, la menor práctica religiosa se ha ido sustituyendo por prácticas espirituales eclécticas de fundamento emocional, esotérico, de origen oriental o de antiguos símbolos paganos[22]. Una manifestación de estos sustitutos espirituales, que ha tenido una importante difusión en los últimos años, es el *new age*. El *new age* se origina en el siglo XVIII con el espiritismo y la hipnosis, aunque de manera más clara en el siglo XIX, con Helena Blavatsky y su *Sociedad Teosófica,* que proponía la *unificación cósmica de todas las religiones.* Sin embargo, el impulso que le dio forma definitiva fue a finales de la década de 1960, con la denominada *contracultura*[23].

El tema más delicado de este movimiento es la separación entre espiritualidad y religión, que ha logrado en grandes sectores de la población: se somete el encuentro con la divinidad a la subjetividad personal, para que cada uno interprete esa relación a su manera[24].

Esta situación de ateísmo práctico lógicamente afecta a la madurez espiritual. «Por todo esto, se hace necesaria una nueva evangelización, que se dirija a esta gente tan alejada del cristianismo, tan imbuida en el secularismo,

---

[22] Cfr. Wade CLARK ROOF, *Spiritual Marketplace: Baby Boomers and the Remaking of American Religion.* (Princeton, N.J: Princeton University Press, 1999).

[23] Cfr. Martin GARDNER, *The New Age: Notes of a Fringe Watcher* (Buffalo, New York: Prometheus, 1991).

[24] Cfr. John P. NEWPORT, *The New Age Movement and the Biblical Worldview: Conflict and Dialogue* (Grand Rapids, Mich: William B. Eerdmans Publishing Co, 1997).

192

gente a la que hay que acercar a la realidad divina. Esta es la gran misión de los próximos decenios»[25].

5. Crisis de esperanza

El término de la *Guerra Fría,* a finales de la década de 1980, trajo consigo una visión optimista sobre el futuro. La caída de la denominada *Cortina de Hierro* y del muro de Berlín, supuso la idea de que los orígenes de los conflictos bélicos habían quedado atrás: las ideologías y los nacionalismos[26]. El mundo veía con satisfacción, la extensión de la democracia liberal y la globalización[27]. Se firmaba el *Acuerdo de Maastricht* que dio a luz a la Unión Europea y se firmaron tratados de libre comercio en distintas regiones del mundo, iniciando la era de las economías emergentes, entre otros fenómenos[28].

Durante la década de 1990, la economía se expandió de forma robusta, las cadenas de producción se globalizaron y surgió con fuerza el internet. Parecía que el mundo se hacía pequeño. La generación que nació durante

---

[25] Joseph Ratzinger, *Ser cristiano en la era neopagana,* trad. José Luis Restán (Madrid: Ediciones Encuentro, 2017), locs. 129 y 130 de 203.

[26] La visión del fin de las ideologías y los nacionalismos quedó simbolizada en la influyente obra de Francis Fukuyama, *El fin de la historia y el último hombre,* publicado en 1992. Cfr. Fukuyama, *The End of History.*

[27] Cfr. Manfred B. Steger et al., eds., *Globalization: Past, Present, Future* (Oakland, Cal: University of California Press, 2023).

[28] Cfr. Jeffrey D. Sachs, *The Ages of Globalization: Geography, Technology, and Institutions* (New York: Columbia University Press, 2020). {\\i{}The Ages of Globalization: Geography, Technology, and Institutions} (New York: Columbia University Press, 2020

193

este periodo —los denominados *millennials*— tuvieron, como característica central, el optimismo y una visión esperanzada sobre el futuro.

Sin embargo, la historia duró poco. En los albores del nuevo milenio, el mundo comenzó a ser objeto de distintos *shocks*: la desaceleración de la economía; la crisis de gobierno corporativo (detonada por el *caso Enron*); la crisis de las empresas *.com*; los atentados del 11 de septiembre en Estados Unidos; el ataque del 11 de marzo de 2004, en Madrid; la crisis de las hipotecas *subprime*, y el estallamiento de nuevas guerras[29].

La característica de las dos primeras décadas del siglo XXI es que ha ido desapareciendo la visión esperanzada del futuro. La población del mundo observa con pesimismo el mañana. De manera especial, los más jóvenes: los *millennials*, decepcionados de un mundo que nunca llegó; los *centennials* y los *alfa* con aspiraciones limitadas[30]. El miedo al futuro (*futurofobia*) y la pérdida de esperanza, han crecido de manera importante.

En 2022, Héctor García Barnés publicó un libro de título sugerente: *Futurofobia. Una generación atrapada entre la nostalgia y el apocalipsis*, en el que describe este fenómeno:

Futurofobia es [...] esa sensación que nos hace pensar que todo lo que está por venir, va a ser peor que lo que ya tenemos, y que, por lo tanto, nuestra mejor opción es que

---

[29] Cfr. Harold JAMES, *Seven Crashes: The Economic Crises That Shaped Globalization* (New Haven: Yale University Press, 2023).

[30] Cfr. Claire HAYES, *Finding Hope in the Age of Anxiety: Recognise it, acknowledge it and take your power back* (Dublin: Gill Books, 2017).

194

no llegue o que tarde en llegar. Es una sensación que, creo, compartimos gran parte de los menores de cuarenta años[31].

La crisis de esperanza se refleja en un incremento importante de las adicciones en todo el mundo, como forma de escape, especialmente la digital y el aumento de la ansiedad y depresión[32]. Por ello, en los últimos años, muchos estudios en el campo de la psicología están orientados al tratamiento de la ansiedad y la recuperación de la esperanza[33]. Sin duda, en el momento actual, este es uno de los primeros retos a tratar en el desarrollo de la madurez espiritual ya que, sin esperanza, no es posible pensar ningún futuro.

B. Características generales
de la madurez espiritual

La madurez espiritual equivale a lo que la religión católica entiende como «plenitud de vida cristiana» o «santidad personal». Se trata de una meta que no se alcanza del todo mientras caminamos en esta vida. Es, por tanto, un proceso que aproxima progresivamente al objetivo.

---

[31] Héctor García Barnés, *Futurofobia: Una generación atrapada entre la nostalgia y el apocalipsis* (Barcelona: Plaza & Janés, 2022), loc. 19 de 259.

[32] Cfr. K. Doménica Collantes y Andrea Tobar, «Adicción a redes sociales y su relación con la autoestima en estudiantes universitarios», *LATAM Revista Latinoamericana de Ciencias Sociales y Humanidades* 4, n.º 1 (1 de febrero de 2023): 848-60, https://doi.org/10.56712/latam. v4i1.300.

[33] Cfr. Martin E.P. Seligman, *El círculo de la esperanza: El viaje de un psicólogo de la desesperanza al optimismo,* trad. Mercè Diago Esteva (Barcelona: Penguin Random House, 2018).

195

¿En qué consiste la santidad? Aunque caben distintas formas de contestar la pregunta, puede afirmarse que es la unión con Dios, mediante la identificación con Cristo. Esta identificación es tarea que lleva toda la vida y que consiste en irse haciendo cada vez más semejantes a Cristo, para alcanzar la madurez espiritual[34]. Esta semejanza radica, a su vez, en ir reproduciendo los rasgos de Jesucristo en nosotros. De manera análoga a la identificación, puede hablarse también de imitación de Cristo y de seguimiento de Cristo. «Seguir a Cristo: este es el secreto. Acompañarle tan de cerca, que vivamos con Él, como aquellos primeros doce; tan de cerca, que con Él nos identifiquemos»[35].

Es importante tener en cuenta que la iniciativa sobre nuestra santificación parte de Dios que, como indica san Pablo, «nos ha elegido para que seamos santos» (*Ef* 1,4) y lo reitera advirtiendo que «esta es la voluntad de Dios: vuestra santificación» (*1 Ts* 4,3). Pero no solo esto, sino que la tarea de nuestra santificación o madurez espiritual es obra de Dios, que se atribuye al Espíritu Santo, ciertamente con nuestra colaboración. Esto quiere decir que el Espíritu Santo lleva a cabo un proceso de transformación en el cristiano que, si no pone obstáculos, lo va perfeccionando progresivamente, para que cada vez se asemeje más a Cristo. Los santos, siendo muy distintos unos de otros,

---

[34] «La santidad cristiana consiste en imitar y seguir a Cristo, configurándose cada vez más con Él, hasta llegar a la plenitud de la caridad, que es el vínculo de la perfección (Cfr. *Col* 3, 14)» COLOM COSTA y RODRÍGUEZ LUÑO, *Elegidos en Cristo para ser santos*, 91.

[35] Josemaría ESCRIVÁ, «Amigos de Dios», escriva.org, s. f., sec. 299, https://escriva.org/es/amigos-de-dios/299/.

poseen un gran parecido interior con Jesucristo porque han alcanzado un alto grado de madurez espiritual.

El Espíritu Santo actúa mediante la gracia, que es una fuerza que nos impulsa y posibilita a que realicemos actos que van más allá de nuestras capacidades humanas, pero sobre todo nos conducen hacia la meta de la santidad. Entre los medios principales a través de los cuales la gracia nos llega, están los sacramentos, la oración, la caridad con el prójimo y el trabajo ofrecido a Dios.

Cabe señalar que, en el proceso de transformación personal hacia la identificación con Cristo, existe un aspecto negativo y otro positivo. El primero consiste en renunciar al propio ego e ir eliminando todo aquello que no nos asemeja con Cristo y nos separa de Él. El positivo, en cambio, radica en secundar la acción del Espíritu Santo que nos va transformando, lo cual requiere de una especial docilidad.

También debe tenerse en cuenta que la madurez espiritual encierra una cierta paradoja: es preciso hacerse como niño —es decir, dependiente de Dios—, renunciando a la pretensión de querer controlar la situación por nosotros mismos. Esto se traduce en sencillez, confianza y abandono en Dios.

C. RASGOS DE MADUREZ ESPIRITUAL

1. Estar plenamente *convencido* de que Dios llama a la santidad a cada persona y de que el fin de la propia vida consiste en responder positivamente a esa invitación. De manera complementaria, haber tomado una decisión firme de corresponder a la llamada a la santidad en las

197

circunstancias de la vida ordinaria, con un *compromiso* tal, que procure orientar todas las acciones hacia esa meta, y teniendo en cuenta la prioridad de la acción de Dios en el camino hacia la santidad.

2. Vivir las *virtudes teologales*.

La madurez del cristiano es su capacidad para vivir de fe, de esperanza y de caridad. Ser cristiano no es frecuentar tal o cual práctica, ni seguir una lista de mandamientos y deberes; ser cristiano es, ante todo, creer en Dios, esperarlo todo de Él y querer amarle a Él y al prójimo de todo corazón. Todos los demás aspectos de la vida cristiana (la oración, los sacramentos, todas las gracias que recibimos de Dios, incluidas las experiencias místicas más sublimes), no persiguen más que un solo fin: aumentar la fe, la esperanza y la caridad. Si no es este su resultado, no sirven absolutamente para nada[36].

Señalamos a continuación algunos aspectos de estas tres virtudes.

3. Tener una *fe* firme en Dios que, entre otras cosas, incluye la adhesión plena a las verdades contenidas en la Sagrada Escritura y en el Magisterio de la Iglesia, y a su vez una fe operativa que se traduzca en obras.

4. Contar con una *esperanza* que se convierta en confianza plena en los medios que Dios nos ofrece para llegar a la meta. En el alma, la docilidad al Espíritu Santo será manifestación clara de esta confianza en su acción.

---

[36] Jacques PHILIPPE, *La libertad interior* (Madrid: Ediciones Rialp, S.A., 2003), 108.

198

El hombre libre, el cristiano espiritualmente "maduro" —es decir, el que realmente se ha convertido en "hijo de Dios"—, es aquel que ha experimentado su auténtica nada, su absoluta miseria; el que ha quedado "reducido a nada", pero en ese abismo ha acabado descubriendo una ternura inefable, el amor plenamente incondicional de Dios. Desde ese momento no tiene más que un solo apoyo y una única esperanza: la ilimitada misericordia del Padre[37].

5. Vivir la *caridad* en su doble dimensión —de amor a Dios y de amor al prójimo—, como lo más importante en la vida cristiana. El amor a Dios se expresará en la vida de piedad, fundada en la filiación divina y en el trato personal con Jesucristo. El amor al prójimo será integral y abarcará tanto sus necesidades espirituales como materiales. La caridad, en su doble vertiente, exige la renuncia al egoísmo y el desprendimiento de uno mismo.

Amar al prójimo como a nosotros mismos es amarlo por sí mismo —no por nosotros—; por tanto, amarlo como Dios lo ama: y debemos ese amor a todos precisamente en la medida en que debemos amar a Dios por encima de todo: totalidad del amor a Dios, que —entre otras cosas— exige amar todo lo que Dios ama y bajo la razón en que Dios lo ama[38].

6. Contar con un *plan de vida* espiritual estable, que incluya diversas prácticas de piedad que garanticen una

---

[37] PHILIPPE, 158.
[38] Fernando OCÁRIZ BRAÑA, *Naturaleza, gracia y gloria* (Pamplona: EUNSA, 2000), 52.

relación personal con Dios a lo largo de cada jornada. Desde el ofrecimiento de obras por la mañana, hasta el examen de conciencia por la noche; poniendo la Misa y la Comunión en el centro, y dedicando tiempo suficiente a la oración mental, así como a las oraciones vocales, especialmente al Rosario, que es la oración predilecta de la Virgen. La confesión frecuente habrá de formar parte de este plan de vida.

7. El amor a la *Cruz,* como aceptación del dolor y las contrariedades de la vida, por amor a Dios y con la intención de hacerse semejante a Cristo, siguiendo su ejemplo especialmente en los momentos de su pasión.

Cuando uno sabe que el camino del amor —ese éxodo, ese salir de sí mismo— es el verdadero camino de la humanización del ser humano, entonces comprende también que el sufrimiento es un proceso de maduración. Quien ha aceptado en su interior el sufrimiento, se vuelve más maduro y comprensivo para el otro, más humano. El que ha esquivado el sufrimiento no comprende a los demás, se vuelve duro y egoísta[39].

El espíritu de mortificación y sacrificio, concretado en la vida ordinaria, será también expresión de este amor a la Cruz.

8. El *apostolado* —entendido como preocupación efectiva por el bien espiritual de los demás, que procura conducir a todas las personas posibles al encuentro con

---

[39] Joseph RATZINGER y Peter SEEWALD, *Dios y el mundo: creer y vivir en nuestra época; una conversación con Peter Seewald* (Barcelona: Galaxia Gutenberg, 2002), 303.

200

Cristo— es inseparable del afán de santidad y, por tanto, forma parte esencial de la madurez espiritual.

9. La *unidad de vida* es señal clara de madurez espiritual. Se puede entender, por una parte, como congruencia entre lo que se cree, se piensa, se dice y se hace. Y, por otra, como integración armónica entre oración, acción (trabajo) y apostolado. Para conseguir la unidad de vida es especialmente importante fomentar la capacidad de contemplación.

La crisis actual de la religión no puede atribuirse simplemente al hecho de que hayamos perdido toda fe en Dios o a que nos hayamos vuelto desconfiados con respecto a determinados dogmas. En un plano más profundo, esta crisis apunta a que estamos perdiendo cada vez más la capacidad contemplativa. La creciente obligación de producir y comunicar, dificulta la pausa contemplativa. La religión presupone una atención particular[40].

La contemplación, en el terreno espiritual, hace posible conectar todas las realidades con Dios, de manera que cualquier actividad humana se transforma en oración, en unión con Dios, dando así lugar a la unidad de vida.

10. Finalmente, la alegría, el optimismo y la *paz interior* caracterizan, habitualmente, al cristiano espiritualmente maduro[41], porque vive con la conciencia de ser

---

[40] HAN, *Vida contemplativa. Elogio de la inactividad*, 107.

[41] «Lo más íntimo que tenemos es la actitud de nuestra voluntad. Ahí hemos de ser uno con Dios, y entonces su alegría podrá introducirse en nuestro interior y correr libremente por nosotros. Cuantas veces digamos sinceramente al Señor: "Señor, quiero lo que Tú quieras", quedará

hijo de Dios; abandona en Él sus preocupaciones, cuenta con Él para todas sus necesidades, se sabe amado por Él en cualquier momento y procura, a su vez, amarlo íntegramente con el corazón y con toda su voluntad.

abierto el camino para la alegría de Dios. Y cuando hayamos llegado a tal punto que siempre pensemos así, cuando nuestro más íntimo querer se vuelva sincera y constantemente a Dios, seremos alegres pase lo que pase fuera» Romano GUARDINI, *Cartas sobre la formación de sí mismo* (Madrid: Ediciones Palabra, 2000), 13.

MADUREZ ESPIRITUAL

La madurez espiritual equivale a la «plenitud de vida cristiana» o «santidad personal», que consiste en la unión con Dios, mediante la identificación con Cristo.

● PROBLEMAS ACTUALES

1. Materialismo
2. Crecimiento del relativismo
3. Deconstrucción y nueva cultura
4. Espiritualidad sin Dios: new age
5. Crisis de esperanza

● RASGOS DE MADUREZ ESPIRITUAL

1. Vocación a la santidad
2. Vivir las virtudes teologales
3. Fe firme en Dios
4. Esperanza y confianza plena en los medios
5. Caridad en su doble dimensión: amor a Dios y amor al prójimo
6. Contar con un plan de vida espiritual
7. Amor a la Cruz
8. Apostolado
9. Unidad de vida
10. Alegría, optimismo y paz interior

203

REFERENCIAS BIBLIOGRÁFICAS

ABBAGNANO, Nicola, y Giovanni FORNERO. *Diccionario de Filosofía.* Ciudad de México: Fondo de Cultura Económica, 2010.

ACHOR, Shawn, y Michelle GIELAN. «La resiliencia consiste en recuperarse, no en aguantar». En *Resiliencia*, traducido por Begoña Merino Gómez. Inteligencia Emocional 2. Boston: Harvard Business Review, 2018.

ALVIRA DOMÍNGUEZ, Rafael. *Filosofía de la vida cotidiana.* Colección Vértice. Madrid: Ediciones Rialp, 1999.

ANDERSON, Perry. *Los orígenes de la posmodernidad.* Traducido por Luis Andrés Bredlow Wenda. Madrid: Ediciones Akal, 2016.

ANDREASSEN, Cecilie Schou, Mark D. GRIFFITHS, Jørn HETLAND, Luca KRAVINA, Fredrik JENSEN, y Ståle PALLESEN. «The Prevalence of Workaholism: A Survey Study in a Nationally Representative Sample of Norwegian Employees». *PLOS ONE* 9, n.º 8 (13 de agosto de 2014): e102446. https://doi.org/10.1371/journal. pone.0102446.

ARENDT, Hannah. «La crisis en la educación». En *La pluralidad del mundo*, traducido por Joaquín Chamorro Mielke. Barcelona: Taurus, 2019.

205

ARRIAGADA S., Jaime, y Armando ORTIZ P. «Algunas reflexiones éticas sobre la cirugía plástica». *Revista Médica Clínica Las Condes* 21, n.º 1 (enero de 2010): 135-38. https://doi.org/10.1016/S0716-8640(10)70516-2.

«Audiencia General: Catequesis sobre la vejez». Aula Pablo VI: La Santa Sede, 23 de febrero de 2022. https://www.vatican.va/content/francesco/es/audiences/2022/documents/20220223-udienza-generale.html.

AZORÍN. *Tiempos y cosas*. Barcelona: Salvat editores, 1978.

BARICCO, Alessandro. *The Game*. Traducido por Xavier González Rovira. Colección Argumentos. Barcelona: Anagrama, 2019.

BARNÉS, Héctor García. *Futurofobia: Una generación atrapada entre la nostalgia y el apocalipsis*. Barcelona: Plaza & Janés, 2022.

BAUDRILLARD, Jean. *La sociedad de consumo: sus mitos, sus estructuras*. Madrid: Siglo XXI de España, 2009.

BAUMAN, Zygmunt. *La cultura en el mundo de la modernidad líquida*. Traducido por Lilia Mosconi. Ciudad de México: Fondo de Cultura Económica, 2013.

— *La globalización. Consecuencias humanas*. Traducido por Daniel Zadunaisky. Ciudad de México: Fondo de Cultura Económica, 2016.

— *Modernidad líquida*. Traducido por Jaime Arrambide Squirru y Mirta Rosenberg. Ciudad de México: Fondo de Cultura Económica, 2015.

BUTLER, Christopher. *Posmodernidad: Una breve introducción*. Santiago, Chile: Ediciones UC; Oxford University Press, 2020.

BUTLER, Judith. *El género en disputa: el feminismo y la subversión de la identidad*. 1a. ed. Paidós studio 168. Barcelona: Paidós, 2016.

CARSON, Rachel. *Primavera silenciosa*. Traducido por Joandomènec Ros. Barcelona: Crítica, 2023.

CHINCHILLA, Nuria, Esther JIMÉNEZ, y Marc GRAU. «Maternidad y trayectoria profesional en España: Análisis de las barreras e impulsores para la maternidad de las mujeres españolas». España: IESE y Servicio de Publicaciones de la Universidad de Navarra, 2018. https://doi.org/10.15581/018.ST-334.

CHUN, Sebastián. *Democracia por venir: ética y política de la deconstrucción*. Buenos Aires: Prometeo libros, 2021.

206

COLLANTES, K. Doménica, y Andrea TOBAR. «Adicción a redes sociales y su relación con la autoestima en estudiantes universitarios». *LATAM Revista Latinoamericana de Ciencias Sociales y Humanidades* 4, n.° 1 (1 de febrero de 2023): 848-60. https://doi.org/10.56712/latam.v4i1.300.

COLOM COSTA, Enrique, y Ángel RODRÍGUEZ LUÑO. *Elegidos en Cristo para ser santos: Curso de teología moral fundamental.* Madrid: Palabra, 2000.

Comisión Económica para América Latina y el Caribe. *La Agenda 2030 y los Objetivos de Desarrollo Sostenible: una oportunidad para América Latina y el Caribe. Objetivos, metas e indicadores mundiales.* Santiago, Chile: Comisión Económica para América Latina y el Caribe, 2019. https://www.cepal.org/es/publicaciones/40155-la-agenda-2030-objetivos-desarrollo-sostenible-oportunidad-america-latina-caribe.

COVEY, Stephen R. *Los 7 hábitos de la gente altamente efectiva.* Ciudad de México: Paidós, 1994.

COX, Daniel A. «The State of American Friendship: Change, Challenges, and Loss». *The Survey Center on American Life* (blog), 8 de junio de 2018. https://www.americansurveycenter.org/research/the-state-of-american-friendship-change-challenges-and-loss/.

DEL PRETE, Annachiara, y Silvia REDON PANTOJA. «Las redes sociales on-line: Espacios de socialización y definición de identidad». *Psicoperspectivas* 19, n.° 1 (marzo de 2020): 86-96. https://doi.org/10.5027/psicoperspectivas-vol19-issue1-fulltext-1834.

DESMURGET, Michel. *La fábrica de cretinos digitales: los peligros de las pantallas para nuestros hijos.* Traducido por Lara Cortés Fernández. Barcelona: Editorial Península, 2022.

DÍAZ DOMÍNGUEZ, Alejandro. «¿Qué nos dice el Censo 2020 sobre religión en México?» Nexos, 19 de abril de 2021. https://datos.nexos.com.mx/que-nos-dice-el-censo-2020-sobre-religion-en-mexico/.

DIÉGUEZ, Antonio. *Transhumanismo: La búsqueda tecnológica del mejoramiento humano.* Barcelona: Herder, 2017.

DSLATAM. «Señalización Digital, una nueva era de la comunicación.», s. f. https://dslatam.org/senalizacion-digital-una-nueva-era-de-la-comunicacion/.

DUHNE, Martha. «La comida chatarra es adictiva». ¿Cómo ves? Revista de Divulgación de la Ciencia de la UNAM, 2010.

DW. «Greta Thunberg le dijo a la ONU: "El cambio viene, les guste o no"». DW, 29 de septiembre de 2019. https://www.dw.com/es/greta-thunberg-a-la-onu-el-cambio-viene-les-guste-o-no/a-50551496.

«El concepto de identidad». Teoría. Madrid: Dossier para una Educación Intercultural., 2005.

ELIAS, Norbert. El proceso de la civilización: Investigaciones sociogenéticas y psicogenéticas. Traducido por Ramón García Cotarelo. Ciudad de México: Fondo de Cultura Económica, 2016.

EMATINGER, Reinhard. From Industry 4.0 to Business Model 4.0: Opportunities of the Digital Transformation. Essentials. Wiesbaden [Heidelberg]: Springer Gabler, 2021.

«Encuesta Continua de Hogares (ECH) Año 2020». Nota de prensa. Censos de Población y Viviendas. España: Instituto Nacional de Estadística, 7 de abril de 2021.

ESCRIVÁ, Josemaría. «Amigos de Dios». escriva.org, s. f. https://escriva.org/es/amigos-de-dios/299/.

ESPARZA, Daniel. «Crisis de identidad y revolución digital». Caracteres: estudios culturales y críticos de la esfera digital 1, n.º 1 (2012): 77-85.

FAO. «Agricultura mundial: hacia los años 2015/2030. Informe resumido». Roma: Office of Assistant Director-General (Economic and Social Department), 2002.

— «Pérdida y desperdicio de alimentos». Portal de apoyo a las políticas y la gobernanza, 2023. https://www.fao.org/policy-support/policy-themes/food-loss-food-waste/es/.

Food Security Information Network (FSIN), y Global Network against Food Crises (GNAFC). «Global Report on Food Crises 2023». GRFC. Roma: FSIN, 2 de mayo de 2023. https://www.wfp.org/publications/global-report-food-crises-2023.

FOSTER, Richard, y Sarah KAPLAN. Creative Destruction: Why Companies That Are Built to Last Underperform the Market-And How to Successfully Transform Them. New York: Currency Books, 2001.

FRIEDMAN, Milton. «The Social Responsibility of Business Is to Increase Its Profits». The New York Times, 13 de septiembre de 1970, sec.

Archives. https://www.nytimes.com/1970/09/13/archives/a-friedman-doctrine-the-social-responsibility-of-business-is-to.html.

FUKUYAMA, Francis. *Identidad: La demanda de dignidad y las políticas de resentimiento.* Traducido por Antonio García Maldonado. Barcelona: Deusto, 2019.

— *The End of History and the Last Man.* UK: Penguin Random House, 2020.

Fundación Ferrer Guardia. «Laicidad en Cifras 2023». Informe Ferrer Guardia. España: Fundación Ferrer Guardia, 29 de marzo de 2023. https://www.ferrerguardia.org/blog/publicaciones-3/laicidad-en-cifras-2023-108.

GARDNER, Martin. *The New Age: Notes of a Fringe Watcher.* Buffalo, New York: Prometheus, 1991.

GARRIDO-LORA, Manuel, Jordi BUSQUET DURAN, y Rosa-Àuria MUNTÉ RAMOS. «De las TIC a las TRIC. Estudio sobre el uso de las TIC y la brecha digital entre adultos y adolescentes en España». *Anàlisi,* n.º 54 (1 de junio de 2016): 44-57. https://doi.org/10.7238/a.v0i54.2953.

GIMENO SACRISTÁN, José. *Educar y convivir en la cultura global: las exigencias de la ciudadanía.* Tercera edición. Madrid: Ediciones Morata, 2011.

«Global insights from Willis Towers Watson's 2019/2020 Benefit Trends Survey». Willis Towers Watson, 2019.

Global Market Insights Inc. «Sex Reassignment Surgery Market | Trends Report, 2023-2032», 2023. https://www.gminsights.com/industry-analysis/sex-reassignment-surgery-market.

Global Wellness Institute. «Wellness Economy Statistics & Facts», 2022. https://globalwellnessinstitute.org/press-room/statistics-and-facts/.

GOLEMAN, Daniel. *Focus. El motor oculto de la excelencia.* Buenos Aires: Ediciones B, 2013.

— *La inteligencia emocional.* Ciudad de México: Vergara, 1995.

GONZÁLEZ, F. J. Andrés. *Higiene del sueño: Hábitos para ayudarle a dormir.* Ciudad de México: Publicación Independiente, 2019.

GRAMSCI, Antonio. *Pasado y presente. Cuadernos de la cárcel.* Barcelona: Gedisa, 2018.

209

GUARDINI, Romano. *Cartas sobre la formación de sí mismo*. Madrid: Ediciones Palabra, 2000.

HAIDT, Jonathan, y Greg LUKIANOFF. *La transformación de la mente moderna: cómo las buenas intenciones y las malas ideas están condenando a una generación al fracaso*. Cuarta edición: febrero de 2022. Barcelona: Ediciones Deusto, 2022.

HALF, Robert. «Does Job Hopping Help Or Hurt Your Career? Survey Reveals Workers Favor Frequent Job Changes, but Managers Aren't on Board». RobertHalf Press, 5 de abril de 2018. https://press.roberthalf.com/2018-04-05-Does-Job-Hopping-Help-Or-Hurt-Your-Career.

HAN, Byung-Chul. *Vida contemplativa. Elogio de la inactividad*. Ciudad de México: Taurus, 2023.

HATFIELD, Frederick C. *Power: A Scientific Approach*. Chicago: McGraw-Hill, 1989.

HAYES, Claire. *Finding Hope in the Age of Anxiety: Recognise it, acknowledge it and take your power back*. Dublin: Gill Books, 2017.

HelpAge International. «HelpAge International». Accedido 25 de octubre de 2022. https://www.helpage.org/.

HERNÁNDEZ S., Iraís, y Pilar VIVAR V. «El léxico en jóvenes: una exploración diacrónica». *Interpretextos*, 2009.

HILDEBRAND, Dietrich Von. *El corazón: Un análisis de la afectividad humana y divina*. Traducido por Juan Manuel Burgos. Madrid: Ediciones Palabra, 1996.

HOLIDAY, Ryan. *El ego es el enemigo*. Traducido por Patricia Torres Londoño. Bogotá: Paidós Empresa Colombia, 2017.

IGLESIA CATÓLICA. «Catecismo de la Iglesia Católica». Vatican.va, s. f. https://www.vatican.va/archive/catechism_sp/index_sp.html.

INE. «Indicadores de Fecundidad. Resultados nacionales: Proporción de nacidos de madre no casada según nacionalidad (española/extranjera) de la madre.» INE, 2022. https://www.ine.es/jaxiT3/Tabla.htm?t=1410&L=0.

INEGI. «Comunicado de Prensa: Resultados de la encuesta para la medición del impacto COVID-19 en la educación (ECOVID-ED) 2020». México, 23 de marzo de 2021. https://www.inegi.

org.mx/contenidos/saladeprensa/boletines/2021/OtrTemEcon/ECOVID-ED_2021_03.pdf.

— «Encuesta Nacional de Ocupación y Empleo (ENOE), población de 15 años y más de edad». Subsistema de Información Demográfica y Social. INEGI. Accedido 28 de abril de 2023. https://www.inegi.org.mx/programas/enoe/15ymas/.

— «Esperanza de vida al nacimiento por entidad federativa según sexo, serie anual de 2010 a 2024». INEGI, 2023. https://www.inegi.org.mx/app/tabulados/interactivos/?pxq=Mortalidad_Mortalidad_09_61312f04-e039-4659-8095-0ce2cd284415.

— «Población. Matrimonios y divorcios». Cuéntame de México. INEGI., 2023. https://cuentame.inegi.org.mx/poblacion/myd.aspx?tema=P.

— «Población. Vivimos en hogares diferentes». Cuéntame de México. INEGI., 2022. https://cuentame.inegi.org.mx/poblacion/hogares.aspx.

«Informe sobre el Estado de la Población Mundial 2023». SWP. Fondo de Población de las Naciones Unidas, 2023. https://www.unfpa.org/es/swp2023/too-few.

IPCC. «Climate Change 2022: Impacts, Adaptation and Vulnerability». Assessment Report. AR6. Cambridge, UK: Grupo Intergubernamental de Expertos sobre el Cambio Climático, 2022.

JAMES, Harold. *Seven Crashes: The Economic Crises That Shaped Globalization.* New Haven: Yale University Press, 2023.

JIMÉNEZ, Javier. «La paradoja del ateísmo: hacerse mayoritario en Occidente en pleno apogeo global de la religión». *Xataka* (blog), julio de 2021. https://www.xataka.com/magnet/paradoja-ateismo-hacerse-mayoritario-occidente-pleno-apogeo-global-religion.

JONAS, Hans. *El principio de responsabilidad: Ensayo de una ética para la civilización tecnológica.* Traducido por Javier María Fernández Retenaga. Barcelona: Herder, 2014.

KAHNEMAN, Daniel. *Pensar rápido, pensar despacio.* Traducido por Joaquín Chamorro Mielke. Barcelona: Editorial Debate, 2012.

KASSER, Tim. *The High Price of Materialism.* Cambridge, Mass; London: Bradford Books; MIT Books, 2002.

KELLER, David P., Ellias Y. FENG, y Andreas OSCHLIES. «Potential Climate Engineering Effectiveness and Side Effects during a High Carbon Dioxide-Emission Scenario». *Nature Communications* 5, n.° 1 (25 de febrero de 2014): 3304. https://doi.org/10.1038/ncomms4304.

KEUCHEYAN, Razmig. *Las necesidades artificiales. Cómo salir del consumismo.* Madrid: Ediciones Akal, 2021.

KILEY, Dan. *El síndrome de Peter Pan: los hombres que nunca crecieron.* Traducido por R. Alcorta. Buenos Aires: Javier Vergara, 1985.

LACY-NIEBLA, María del Carmen. «El cambio climático y la pandemia de COVID-19». *Archivos de Cardiología de México* 91, n.° 3 (2021): 269-71. https://doi.org/10.24875/ACM.M21000076.

LANIER, Jaron. *Diez razones para borrar tus redes sociales de inmediato.* Traducido por Marcos Pérez Sánchez. Barcelona: Debate, 2018.

LARA, Guido, y Jorge ROCHA. «El mexicano ahorita: Retrato de un liberal salvaje». *Nexos*, 1 de febrero de 2011.

LASA, Carlos Daniel. *La posverdad: en la Teología, la Filosofía y el Derecho.* Salta, Argentina: Ediciones Universidad Católica de Salta, 2022.

LAYARD, Richard. *La felicidad. Lecciones de una nueva ciencia.* Traducido por Victoria Gordo del Rey. Ciudad de México: Taurus, 2005.

LIPKA, Michael. «Muslims and Islam: Key Findings in the U.S. and around the World». *Pew Research Center* (blog), 2017. https://www.pewresearch.org/short-reads/2017/08/09/muslims-and-islam-key-findings-in-the-u-s-and-around-the-world/.

LIPOVETSKY, Gilles. *La sociedad de la decepción: Entrevista con Bertrand Richard.* Traducido por Antonio-Prometeo Moya Valle. Barcelona: Anagrama, 2008.

LITTLEHALES, Nick. *Dormir: El mito de las 8 horas, el poder de la siesta... y un nuevo plan para revitalizar cuerpo y mente.* Traducido por Gema Moraleda. Barcelona: Planeta, 2017.

LLANO, Carlos. *Formación de la inteligencia, la voluntad y el carácter.* Ciudad de México: Trillas, 1999.

—*Humildad y liderazgo: ¿necesita el empresario ser humilde?* Ciudad de México: Herberto Ruz, 2004.

LUKIANOFF, Greg, y Jonathan HAIDT. «The Coddling of the American Mind». *The Atlantic*, 11 de agosto de 2015. https://www.theatlantic.com/magazine/archive/2015/09/the-coddling-of-the-american-mind/399356/.

Market Research Report. «Cosmetic Surgery Market Size, Share & COVID-19 Impact Analysis». Fortune Business Insights, julio de 2023. https://www.fortunebusinessinsights.com/cosmetic-surgery-market-102628.

Marketing Directo. «Análisis NEUROMEDIA sobre inversión y recuerdo publicitario por sectores de actividad», 1 de abril de 2019. https://www.marketingdirecto.com/marketing-general/agencias/analisis-neuromedia-sobre-inversion-y-recuerdo-publicitario-por-sectores-de-actividad.

MATTHEWS, Michael, y James KRIEGER. *Fitness Science Explained: A Practical Guide to Using Science to Optimize Your Health, Fitness, and Lifestyle*. Oculus Publishers, 2020.

Mayo Clinic. «Trastorno de ansiedad - Síntomas y causas», noviembre de 2018. https://www.mayoclinic.org/es/diseases-conditions/illness-anxiety-disorder/symptoms-causes/syc-20373782.

McLUHAN, Marshall. *Understanding Media: The Extensions of Man*. Editado por W. Terrence Gordon. Berkeley, California: Gingko Press, 2013.

MELENDO GRANADOS, Tomás. *El verdadero rostro del amor*. Madrid: Ediciones Internacionales Universitarias, 2006.

MENA ROA, Mónica. «Infografía: Ya nacen más hijos de madres solteras que de casadas en España». Statista Daily Data, 30 de noviembre de 2023. https://es.statista.com/grafico/29625/evolucion-anual-del-porcentaje-de-nacidos-de-madre-no-casada-en-espana.

Mercawise. «Hábitos alimenticios en México», 14 de septiembre de 2016. https://www.mercawise.com/blog/estudios-de-mercado/habitos-alimenticios-en-mexico/.

MIGUEL, Regina de. «Pantallas en el aula: Suecia no las va a prohibir». Noticias. Educación 3.0, 16 de junio de 2023. https://www.educaciontrespuntocero.com/noticias/pantallas-aula-suecia/.

MORAN, Gwen. «We Need to Talk about Why so Many People Are Lonely». Fast Company, 2 de febrero de 2022. https://www.

213

fastcompany.com/90717383/we-need-to-talk-about-why-so-many-people-are-lonely.

MORENO-BRID, Juan Carlos, Esteban PÉREZ CALDENTEY, y Pablo RUIZ NÁPOLES. «El Consenso de Washington: aciertos, yerros y omisiones». *Perfiles latinoamericanos* 12, n.º 25 (junio de 2004): 149-68.

MORIN, Edgar. *Cambiemos de vía: Lecciones de la pandemia.* Traducido por Núria Petit Fontserè. Barcelona: Ediciones Paidós, 2020.

MORTON, Oliver. *The Planet Remade: How Geoengineering Could Change the World.* Princeton & Oxford: Princeton University Press, 2015.

NEWPORT, John P. *The New Age Movement and the Biblical Worldview: Conflict and Dialogue.* Grand Rapids, Mich: William B. Eerdmans Publishing Co, 1997.

NICOL, Eduardo. *Las ideas y los días.* Ciudad de México: Afinita Editorial, 2007.

NYMOEN, Ole, y Wolfgang M. SCHMITT. *Influencers: La ideología de los cuerpos publicitarios.* Traducido por Lara Cortés Fernández. Barcelona: Ediciones Península, 2022.

Observatorio Español de las Drogas y las Adicciones. «Encuesta sobre uso de drogas en enseñanzas secundarias en España (ESTUDES), 1994-2021». Plan Nacional sobre Drogas. Madrid: Ministerio de Sanidad, 2021.

OCÁRIZ BRAÑA, Fernando. *Naturaleza, gracia y gloria.* Pamplona: EUNSA, 2000.

ODELL, Jenny. *How to Do Nothing: Resisting the Attention Economy.* Brooklyn, NY: Melville House, 2019.

OMS. «Un informe de la OMS pone de relieve el déficit mundial de inversión en salud mental». Organización Mundial de la Salud, 8 de octubre de 2021. https://www.who.int/es/news/item/08-10-2021-who-report-highlights-global-shortfall-in-investment-in-mental-health.

OPS. «Informe mundial sobre el edadismo». Washington D.C.: Organización Panamericana de la Salud, 2021. https://doi.org/10.37774/9789275324455.

Organización Panamericana de la Salud. «Alimentos y bebidas ultraprocesados en América Latina: ventas, fuentes, perfiles de nutrientes e implicaciones». Publicaciones Generales. Washington D.C.: OPS, 2019. https://doi.org/10.37774/9789275320327.

Oxford Economics. «Workforce 2020: The Looming Talent Crisis». Oxford Economics, 11 de septiembre de 2014. https://www.oxfordeconomics.com/resource/workforce-2020-the-looming-talent-crisis/.

P, Elvia Velásquez de, Álvaro OLAYA PELÁEZ, Guillermo CASTAÑO PÉREZ, y Sergio CASTRO REY. *Adicciones: aspectos clínicos y psicosociales, tratamiento y prevención.* Fundamentos de Medicina. Medellín: CIB Fondo Editorial, 2013.

Papa FRANCISCO. *Laudate Deum: A todas las personas de buena voluntad sobre la crisis climática.* Exhortación Apostólica. Vaticano: Libreria Editrice Vaticana, 2023.

— *Laudato Si': sobre el cuidado de la casa común.* Vaticano: Libreria Editrice Vaticana, 2015.

— «Visita a la comunidad de Varginha [Manguinhos]». En *Discurso del Santo Padre Francisco.* Río de Janeiro, 2013. https://www.vatican.va/content/francesco/es/speeches/2013/july/documents/papa-francesco_20130725_gmg-comunita-varginha.html.

PEETERS, Marguerite A. *Marion-ética. Los «expertos» de la ONU imponen su ley.* Madrid: Ediciones Rialp, S.A., 2011.

PÉREZ MENÉNDEZ, Ana. «Nota de prensa: 18 de marzo de 2021-Día Mundial del Sueño». Sociedad Española de Neurología, 19 de marzo de 2021. https://www.sen.es/saladeprensa/pdf/Link332.pdf.

Pew Research Center. «Modeling the Future of Religion in America». *Pew Research Center's Religion & Public Life Project* (blog), 13 de septiembre de 2022. https://www.pewresearch.org/religion/2022/09/13/modeling-the-future-of-religion-in-america/.

PHILIP, Niki. «Job-Hopping: Does it benefit or detriment careers?» Master Thesis Human Resource Studies, Tilburg University, 2018.

PHILIPPE, Jacques. *La libertad interior.* Madrid: Ediciones Rialp, S.A., 2003.

Philips. «Philips Global Sleep Survey Shows We Want Better Sleep, but Only If It Comes Easily», 2019. https://www.philips.com/a-w/about/news/archive/standard/news/press/2019/20190307-philips-global-sleep-survey-shows-we-want-better-sleep-but-only-if-it-co-mes-easily.html.

PIKETTY, Thomas. *El capital en el siglo XXI*. Traducido por Eliane Cazenave-Tapie Isoard, Guillermina Cuevas, José Carlos de Hoyos, y Gerardo Esquivel. Ciudad de México: Fondo de Cultura Económica, 2014.

PINCKAERS, Servais (Théodore) (O P.) 1925-2008. *En busca de la felicidad*. Traducido por Manuel Morera Rubio. Cuadernos Palabra. Madrid: Ediciones Palabra, 1981.

PLEYERS, Geoffrey. *Alter-Globalization: Becoming Actors in the Global Age*. Cambridge, UK: Polity, 2010.

POPPER, Karl. *The Open Society and Its Enemies*. London; New York: Routledge Classics, 2011.

PRADES, Javier. «Un testigo eficaz: Benedicto XVI». En *Dios salve la razón*, traducido por Lázaro Sánz, 7-28. Madrid: Ediciones Encuentro, 2008.

Procuraduría Federal del Consumidor. «Alimentos Chatarra». gob. mx, 3 de junio de 2018. http://www.gob.mx/profeco/documentos/alimentos-chatarra?state=published.

RATZINGER, Joseph. *Ser cristiano en la era neopagana*. Traducido por José Luis Restán. Madrid: Ediciones Encuentro, 2017.

RATZINGER, Joseph, y Peter SEEWALD. *Dios y el mundo: creer y vivir en nuestra época; una conversación con Peter Seewald*. Barcelona: Galaxia Gutenberg, 2002.

Renew Europe. «Datos oficiales | Cartografía del odio». Cartografía del odio, 26 de octubre de 2021. https://cartografiadelodio. com/datos-oficiales/.

RFI. «Junio de 2023 fue el mes más caluroso de la historia del planeta». RFI. Medio Ambiente, 6 de julio de 2023. https://www. rfi.fr/es/medioambiente/20230706-dia-mes-caluroso-clima-calentamiento-global-junio-2023.

RIECHMANN, Jorge. *En defensa de los animales*. Madrid: Los Libros De La Catarata, 2017.

ROCKSTRÖM, Johan, Joyeeta GUPTA, Dahe QIN, Steven J. LADE, Jesse F. ABRAMS, Lauren S. ANDERSEN, David I. ARMSTRONG MCKAY, et al. «Safe and Just Earth System Boundaries». *Nature*

619, n.° 7968 (julio de 2023): 102-11. https://doi.org/10.1038/s41586-023-06083-8.

Róisín, Fariha. *Who is Wellness for? An Examination of Wellness Culture and Who it Leaves Behind*. First edition. New York, NY: Harper Wave, 2022.

Rojas, Enrique. *El amor inteligente*. Ediciones Temas de Hoy, 1999.

Rojas Estapé, Marian. *Cómo hacer que te pasen cosas buenas*. Ciudad de México: Editorial Diana, 2019.

Roof, Wade Clark. *Spiritual Marketplace: Baby Boomers and the Remaking of American Religion*. Princeton, N.J: Princeton University Press, 1999.

Rothlin, Phillipe, y Peter Werder. *El nuevo síndrome laboral Boreout. Recupera la motivación*. Traducido por Luis Miralles de Imperial Miralles de Imperial Llobet. Barcelona: Penguin Random House, 2009.

Sachs, Jeffrey D. *The Ages of Globalization: Geography, Technology, and Institutions*. New York: Columbia University Press, 2020.

Santo Monasterio de Pantocrátor en Melissochor. «La expansión del cristianismo en medio de persecuciónes», 15 de septiembre de 2011. https://www.impantokratoros.gr/expansion-cristianismo.es.aspx.

Santos, Henri C., Michael E. W. Varnum, y Igor Grossmann. «Global Increases in Individualism». *Psychological Science* 28, n.° 9 (1 de septiembre de 2017): 1228-39. https://doi.org/10.1177/0956797617700622.

Sarráis Otero, Fernando. *Aprendiendo a vivir: El descanso*. Barañáin: EUNSA, 2011.

— *Madurez psicológica y felicidad*. Pamplona: EUNSA, 2013.

Seligman, Martin E.P. *El círculo de la esperanza: El viaje de un psicólogo de la desesperanza al optimismo*. Traducido por Mercè Diago Esteva. Barcelona: Penguin Random House, 2018.

Soros, George. *En defensa de la sociedad abierta*. Ciudad de México: Ediciones Paidós, 2019.

Steel, Piers. *Procrastinación: Por qué dejamos para mañana lo que podemos hacer hoy*. Traducido por Juan Pedro Campos. Electrónica. Barcelona: Penguin Random House, 2011.

217

STEGER, Manfred B., Roland BENEDIKTER, Harald PECHLANER, y Ingrid KOFLER, eds. *Globalization: Past, Present, Future*. Oakland, Cal: University of California Press, 2023.

STONE, Arthur A., Joseph E. SCHWARTZ, Joan E. BRODERICK, y Angus DEATON. «A Snapshot of the Age Distribution of Psychological Well-Being in the United States». *Proceedings of the National Academy of Sciences* 107, n.° 22 (junio de 2010): 9985-90. https://doi.org/10.1073/pnas.1003744107.

SUSSKIND, Richard, y Daniel SUSSKIND. *El futuro de las profesiones: cómo la tecnología transformará el trabajo de los expertos humanos*. Traducido por J. C. Ruiz Franco. España: Teell Editorial, 2016.

TESARSKI, Chris, y Trond FRANTZEN. *ESG: From Acronym to Action: Making World Change with Planned Intention*. The PowerStart Group, 2023.

TORALES, J., y I. BARRIOS. «El aburrimiento en estudiantes universitarios». *Revista de la Fundación Educación Médica* 20, n.° 4 (2017): 207. https://doi.org/10.33588/fem.204.900.

TYRER, Helen. *Tackling Health Anxiety*. Cambridge: Cambridge University Press, 2013.

UGARTE CORCUERA, Francisco. *Del resentimiento al perdón*. Madrid: Rialp, 2012.

— *El arte de la amistad*. Madrid: Rialp, 2014.

— *En busca de la realidad*. Madrid: Rialp, 2006.

ULLOA, Astrid. «Pensando Verde: El Surgimiento y Desarrollo de La Conciencia Ambiental Global». En *Repensando La Naturaleza Encuentros y Desencuentros Disciplinarios En Torno a Lo Ambiental*, 205-26. Historia y Ambiente. Bogotá D. C: Instituto Colombiano de Antropología e Historia; Colciencias, 2002.

UNODC. «Informe Mundial sobre las Drogas 2021. Resumen ejecutivo e implicaciones políticas». World Drug Report. Vienna: Organización de las Naciones Unidas, 2021. //www.unodc.org/unodc/en/data-and-analysis/wdr-2021_booklet-1.html.

VARGAS VERGARA, Montserrat, y Lourdes ARAGÓN. *Los Objetivos de Desarrollo Sostenible: hoja de ruta en la educación del siglo XXI. Innovación docente en la formación de profesionales*. Primera edición. Colección Octaedro Universidad. Barcelona: Octaedro, 2021.

WALDINGER, Robert, y Marc SCHULZ. *The Good Life: Lessons from the World's Longest Scientific Study of Happiness.* New York: Simon & Schuster, 2023.

World Inequality Report 2022. World Inequality Lab & Harvard University Press, 2022. https://doi.org/10.2307/j.ctv3006zpt.

ZEKI, Semir, y John Paul ROMAYA. «Neural Correlates of Hate». Editado por Jan Lauwereyns. *PLoS ONE* 3, n.º 10 (29 de octubre de 2008): e3556. https://doi.org/10.1371/journal.pone.0003556.

ESTE LIBRO, PUBLICADO POR
EDICIONES RIALP, S. A.,
MANUEL URIBE, 13-15, 28033 MADRID,
SE TERMINÓ DE IMPRIMIR EN
ANZOS, S. L., FUENLABRADA (MADRID),
EL DÍA 16 DE MAYO DE 2024.